i

アメ[barcode: JN249333]

| 巻頭言 | ……………………………… 八尾坂　修 | 1 |
| 学会設立趣意書 | ……………………………………… | 2 |

特　集　NCLB法からコモンコアへ、その後の展開

アメリカにおける校長・教育長免許・養成政策の
　新たな展開に関する一考察 ……………………… 八尾坂　修　3

NCLB法以後の米国における州スタンダードと
　アセスメントをめぐる推移とその問題点……………… 矢野　裕俊　19

州や学区の学力向上策を支援する連邦法としての
　ESSA の特徴 ……………………………………… 岸本　睦久　29

「中央集権化」状況に見る連邦政府と州政府（人民）
　の相克——マグネット・スクールとチャーター・スクールの
　意義を問う ……………………………………………… 加藤　幸次　37

論　文

ジョセフ・リーにおける「よい市民」形成の論理 ……… 宮本健市郎　55

1920年代のウィネトカ・プランにおける教師の意識変容
　——科学的カリキュラム開発運動の実態 ……………… 宮野　　尚　74

カリフォルニア州アラメダ郡におけるサービス調整
　チーム（COST）に基づく児童生徒支援システム
　——学校−SBHC間連携の先進的モデルとして ……… 帖佐　尚人　91

反いじめ法施策に基づく子どもの権利保護の枠組み
　——メリーランド州における学校を基盤としたいじめ対応を
　中心として ……………………………………… 宮本　浩紀　110

アメリカの幼児教育の質保証政策における教師の専門性
　——経験されたカリキュラムの観点からの分析……………… 竹村　直記　127

書　評

赤星晋作『アメリカの学校教育』(学文社) ……………… 加藤　幸次 147

アメリカ教育学会第28回大会報告

大会プログラム ……………………………………………… 150

公開シンポジウム …………………………………………… 153

投稿・審査要領 ……………………………………………… 156

アメリカ教育学会会則・役員 ……………………………… 158

アメリカ教育学会組織運営 ………………………………… 160

ホームページのお知らせ …………………………………… 161

執筆者紹介 …………………………………………………… 162

編集後記 ……………………………………………………… 164

[巻頭言]
アメリカ教育学会のさらなる発展を期して

　アメリカ教育学会は1989年12月16日に設立されましたが、設立趣意書のなかには次のような宣言が記されています。

「我々は、アメリカ合衆国の教育に関する研究とその発展を図り、会員相互の交流・研究協力の促進を目的として本学会を設立する。～我々は、アメリカの教育に関する専門的・学問的知見を結集し、その知見を広く公にすることを旨として設立した学術団体を継続的に運営することを目指す。その上で、世界的視野を持ち、アメリカの教育研究を、一層深めていく決意をここに表明し、今後多くの同学の士を得て、研究活動の充実を図ることを宣言する。」

　このような設立経緯のなかで、会員の皆様の真摯な研究成果の結集として、学会紀要も今回28号を迎えることができました。そしてこの度、出版社、東信堂の御好意により、市販図書として発行する運びとなりました。表題も27号までの『アメリカ教育学会紀要』から、総会の決議（2017年10月28日）を経まして新たに『アメリカ教育研究』にいたしました。
　今回の28号からは従来の自由研究発表論文、書評等とともに、新たに特集論文（今回は「NCLB法からコモンコアへ、その後の展開」の視点からの論稿4点）を掲載し、今後ますます充実した学術的内容にしたいと考えております。
　アメリカ教育学会は日本学術会議学術協力団体として認定を受けており、今日、全国学会誌として高い評価を受けております。また2016年度からは、特に若手研究者の学術成果啓発を目的とした「アメリカ教育学会賞」を創設し、本学会のさらなる社会貢献活動を図りたいと思います。
　現在の会員数は171名（2018年2月15日現在）であり、単一の外国教育の研究学会としては比較的大きな学会であります。今後も若手研究者とともにベテラン研究者、教育関係者等の積極的な御加入を募りたいと考えております。
　学会員の皆様の忌憚のない御意見を反映させながら、本誌を一層充実させて邁進いたしましょう。

　2018年3月10日

アメリカ教育学会代表理事　八尾坂　修

アメリカ教育学会設立趣意書

　我々は、アメリカ合衆国の教育に関する研究とその発展を図り、会員相互の交流・研究協力の促進を目的として本学会を設立する。

　日本とアメリカは、歴史上、政治・経済・文化等あらゆる領域で最も重要な関係を保ち続けてきた。中でも、教育は大きな位置を占め、あらゆる分野における理論的・実践的側面で、日本はアメリカから多大な影響を受けてきた。同時に、近年は、日本の教育やそれに関する研究がアメリカから注目を浴びるという相互の影響関係が見られるようになってきている。こうした関係は、今後も両国の教育研究・実践にとって大きな意味を持つことは疑い得ない。

　我々が重視するのは、アメリカの教育が、その根底に民主主義の思想を据えてきたという点である。望ましい民主主義社会の構築と、将来その社会を担う人間の育成に資する教育の研究及び実践が豊かに展開されてきたところから、アメリカの教育から日本が学ぶべきことは今後も尽きることはない。こうした意味において、民主主義社会の理念を共有しつつ、両国の研究者が相互に協力し、さらに充実した研究・教育活動の進展を目指す組織を持つ意義はきわめて大きいと考える。

　我々は、こうした趣旨に鑑み、アメリカの教育に関する専門的・学問的知見を結集し、その知見を広く公にすることを旨として設立した学術団体を継続的に運営することを目指す。その上で、世界的視野を持ち、アメリカの教育研究を、一層深めていく決意をここに表明し、今後多くの同学の士を得て、研究活動の充実を図ることを宣言する。

1989年12月16日
アメリカ教育学会理事・会員一同

特　集　NCLB法からコモンコアへ、その後の展開

アメリカにおける校長・教育長免許・養成政策の新たな展開に関する一考察

八尾坂　修
Osamu YAOSAKA

はじめに

　アメリカでは2015年12月に「全ての児童・生徒が成功するための法律（Every Student Succeeds Act：以下ESSAと略）」が成立した。この法律は2002年の「落ちこぼれを作らないための初等中等教育法（No Child Left Behind：以下NCLB法と略）」に代わるもので、時限立法である初等教育法（1965年制定）以降、13年ぶりの改正である。このESSAはNCLB法と同様、教育成果に対するアカウンタビリティを重視し、教育上恵まれない子どもをもつ地域、学区に焦点をあてた財政支援を行うという基本的スタンスは変わらない。しかし州内の学力テストやハイスクール生徒の卒業率に基づく学校評価の進め方や低迷校（教育成果の下位5％の学校）、ドロップアウト校（卒業率67％に達しないハイスクール）に対する改善計画の策定・実施の方法は州の裁量に委ねられており、連邦政策の関与が強力なNCLB法と異なる観点である。

　ESSAはタイトルIからタイトルIXまで構成されるが、そのなかでタイトルIIは十分な資格を存する教員、校長、そのほかのスクールリーダーの養成、研修、募集（Preparing, Training, and Recruiting High-Quality Teachers, Principals, or Other School Leaders）に焦点をあてているのが特徴的である。このタイトルIIは、チャレンジングな州学力基準に合致した生徒の増加、資質能力が高く学習効果をもたらす教員、校長、他のスクールリーダーの増加、さらには低収入家庭でマイノリティの生徒に対し、効果的な教員、校長、他のスクールリーダーを配置するた

やおさか おさむ　開智国際大学（九州大学名誉教授）

めに州に交付金（そのうち95％以上は地方学区に交付）を提供することにある[1]。この点、21世紀に入り、各州では免許・養成制度改革の一環として、州スタンダードの確立、養成方法の多様化による教職員の資質向上策を図ってきており、このESSAとの関わりからみても接続点がみられる。

　このような課題意識のもと、本稿ではできる限りアメリカと日本における先行研究をも把握しつつ、免許制度の視角から以上の点を考察する。まず第1に、教育管理職（校長・教育長）の免許制度の特徴を歴史的経緯をふまえつつ捉えることにする。第2に、1990年を境に新たに専門職団体によって作成された専門職基準（standard）の特徴と教育管理職の免許・養成制度に与える影響について探る。第3に、従来の大学院における養成制度と異なった新たなオルタナティブルートによる養成方式の台頭の背景を捉えつつ、オルタナティブルートによる校長・教育長養成の特徴を明らかにする。それとともに教育委員会や校長・教育長養成受講者の養成方法への反応を把握し、今後のオルタナティブルートの位置づけを探ることにする。最後に、上記の免許資格構造、新たな免許・養成基準、伝統的およびオルタナティブルートのもと校長・教育長養成を行っているマサチューセッツ州に焦点をあて、特に2016年以降、いずれの養成ルートにも最終的に共通要件として課している能力に基づく評価の特徴を探ることにする。

1　校長、教育長免許制度の特色——原則・免許状主義

　教員、校長、指導主事などの教育管理職の免許制度は歴史が長く、オハイオ州のシンシナチ市では1837年頃に2つの等級からなる校長免許状を、その後1854年までにニューヨーク市でも教職のポジションに応じた免許状が発行され、等級Aと称する免許状の所有者のみが校長として雇用されていた[2]。教育長に関する免許制度は同時期1837年にニューヨーク州のバッファロー市、ケンタッキー州のルイスビルで成立した。その結果、19世紀中頃までに教育管理職についても職種に基づく分化が出現した。州発行の教育長免許状としては1854年にペンシルバニア州が最初であり、その後ほぼ半世紀唯一の州であった[3]。

　このような推移のなかで教育管理職の免許状を発行し、資格を与える慣行は、

1910年までに7州に過ぎず、しかもこれらの職についての個々分化した免許状の発行は、第1次大戦後に進展している。1900年から1957年における各教育管理職の免許状を発行する州の変遷の特徴として、1940年代以降は各職種を包括した一般行政職（general administrator）免許状および一般校長（general principal）免許状を発行しつつある点が特徴である。1937年当時における全州の免許規定から判断すると、初等・中等学校全般の校長免許状を発行する州が12州に及んでいた事実からも伺える[4]。

　このことは州が免許状の発行種類を削減しようとする動きの徴候でもあった。これまでの研究によると、1931年に11州、1948年に24州以上、1957年に45州、さらには1974年までにはミシガン州を除き、すべての49州が校長職に関わる免許状を発行していた[5]。ただし1989年以降はミシガン州も校長に免許状を要求し、原則、免許状主義が貫かれている。

　これに対し、教育長の免許状はもはや9州が発行せず、また発行していても教育長に就くために免許状を要求しない州もある。しかも約3分の1の州は臨時免許状を発行し、あるいは大学による養成ではない非伝統的な形態の専門養成を行っている状況にある[6]。

　次に校長・教育長免許制度のアメリカ的特徴として教員の場合も同様であるが、免許状の更新制・上進制が定着していることである。いずれも5年の有効期間が多いが終身有効な免許状を発行する州は少ない。しかも特に更新の際には、学区教育委員会主導の研修の方が概して受講者である教師のニーズや自主啓発活動に効果的であったとする見解がある。しかも更新制・上進制との関わりで新任校長に対してインターンシップを要求する州もある。

　現在のケンタッキー州では、幼児・初等（幼-4年）、ミドル・スクール（5-8年）、中等学校（9-12年）段階3種の校長免許状を発行しているが（取得要件は、3年間の教職経験、該当学年の教員免許状、修士号取得、学校経営・指導的リーダーシップに関する科目について30単位時間大学院での履修）、取得後初めて校長、あるいは教頭になった場合、1年間の新任校長研修（internship）が要求されている[7]。

　このインターンシップの特色は次の点にある。第1に、3人のメンバーからなる校長インターン委員会が設置されている。各メンバーはインターン校長、

6 特　集　NCLB法からコモンコアへ、その後の展開

学区教育長あるいは教育次長、大学関係者によって構成され、かれらによって最低3回、指導能力観察と職能成長のための助言がなされている。さらに指導校長は、3度の指導能力観察に加え、インターン校長に対し最低50時間接し、疑問点に回答を与え、問題点を討議し、助言を与え、校長モデルの役割を果たしている。第2に、指導能力の観察・評価は「指導的リーダーシップ」、「学校経営」、「人間関係論」、「専門職としての識見」といった領域についてなされている。第3に、インターンを成功裏に収めた場合、校長免許状は4年間更新され、その期間12単位以上取得しなくてはならない。しかもこの4年間有効な免許状は、5年ごとに更新されるが、この5年以内に大学院で3単位あるいはケンタッキー州効果的指導リーダーシップ研修プログラムにおいて認定された42時間相当の研修を受けることになっている。

　また教育長免許状の更新・上進制の典型例として、ロードアイランド州では教育長（教育次長）に予備免許状（3年間有効）と専門免許状（5年間有効）を発行する。前者の取得要件として修士号あるいはそれ以上（少なくとも特定内容領域で36単位(S.h.)を含む）、また教職・行政経験（8年）を要求し、しかも3年間ロードアイランド州で教育長を勤めているならば更新不可であり、自ら上位免許状である専門免許状を取得する義務がある。この専門免許状への上進要件は、予備免許状取得のもとで6単位の大学院での履修、教育長としての3年経験を必要とするが、その後さらに9単位（6単位は大学院で取得、3単位は認定された現職研修で可）の取得によって更新が可能となる[8]。

　なお、各州個別に校長免許状と教育長免許状を比較すると、最初の取得要件は異なるものの、それらの免許状の種類、有効期間、更新・上進要件においては、ほとんど差異がなく（ただし教育長免許状の場合、大学院での履修を求める場合もある）、同一州では同一の形態が導入されている傾向にある。

2　新たな専門職基準としてのNPBEA基準の影響

　1990年前後を境に校長の予算・施設管理といった教育長の代理執務的管理的業務から指導的リーダーシップ（instructional leadership）という役割期待が、学校を基礎とした経営（school based management）施策導入のなかで求められて

きた。そして当時の大学院学位プログラムの内容・方法面での効果性への疑問、入学要件の安易性などの課題を背景に学校管理職養成の質的改善が求められていた[9]。

このような状況のなか、改善の方途として、専門職団体である全米の州教育長審議会（Council of Chief State School Officers : CCSSO）が1994年に州間学校管理職資格付与協議会（the Interstate School Leaders Licensure Consortium : ISLLC）を設置し、ISLLC基準として1996年に「スクールリーダーとしての基準」(Standards for School Leaders)、その後の2008年改訂基準「教育リーダーシップ政策基準」（Educational Leadership Policy Standards）を策定した。さらにはISLLC 2008年基準の改定作業のなかで、初等・中等教育の主要関係団体である10の連合体から構成される全米教育行政策委員会（National Policy Board for Educational Administration : NPBEA）教育リーダーシップ基準編成審議会：ELCC）の「学校管理職養成プログラム認証の全米的基準（ELCC基準）」とも関連づけられた。2015年10月にはNPBEAから「教育リーダー専門職基準（Professional Standards for Educational Leaders : PSEL基準）」が以下のように示されている。

これらの1996年、2008年基準は46州とワシントン特別区で州独自の基準作成の際に参考とされている[10]。

この2015年基準が作成された背景としては、2001年のNCLB法、2009年の「頂点への競争」(Race to the Top : RttT) といった連邦政策が児童・生徒の学力向上、それを反映した校長・教員の評価、厳格な卒業要件を求めたことから、学校はより競争的な市場からの圧力を受け、校長に対する期待やアカウンタビリティが増大しているためである。

このことは校長の離職による校長不足を生起している[11]。2008年基準の6基準と違い、2015年基準は10基準からなり、いっそう一人ひとりの児童・生徒の言語・文化的背景における公平性に配慮した学校コミュニティの構築を重視した内容と捉えることができる。しかもこれまで他の観点と合わせて基準に盛り込まれた基準3、基準5、基準8が独立した基準としての位置づけにある[12]。

このように表1で示す2015年基準の10領域の教育リーダーの実践において、各々が独立して機能しているのではなく、一人ひとりの生徒の学問上と個人的な成長を促進する相互依存的なシステムとして機能していることを察し得る。

8　特　集　NCLB法からコモンコアへ、その後の展開

表1　NPBEA 教育リーダー専門職基準 2015 年

〈基準1〉ミッション、ビジョン、核心的価値
　　効果的な教育リーダーは、質の高い教育、学習上の成功、および一人ひとりの生徒の幸福
　のため共有されるべきミッション、ビジョン、核心的価値を開発し、主張し、実行する。

〈基準2〉倫理と専門職上の規範
　　効果的な教育リーダーは一人ひとりの生徒の学習上の成功と幸福を促進するため、倫理的
　かつ専門職としての規範（norms）に則って行動する。

〈基準3〉均等性と文化的配慮
　　効果的な教育リーダーは、一人ひとりの生徒の学習上の成功と幸福を促進するため、教育
　機会の均等と文化的に配慮された実践に努力する。

〈基準4〉教育課程、指導、評価
　　効果的な教育リーダーは、一人ひとりの生徒の学習上の成功と幸福を促進するため、知的
　厳格さと一貫性のある教育課程、指導および評価のシステムを開発し、支援する。

〈基準5〉生徒をケアし、支援するコミュニティ
　　効果的な教育リーダーは、一人ひとりの生徒の学習上の成功と幸福を促進するため、受け
　容れられ、思いやりのある、支援する学校コミュニティを構築する。

〈基準6〉教職員の専門性
　　効果的な教育リーダーは、一人ひとりの生徒の学習上の成功と幸福を促進するため、教職
　員の専門職としての能力を伸ばし、実践的指導力を向上させる。

〈基準7〉専門職集団としての教職員
　　効果的な教育リーダーは、一人ひとりの生徒の学習上の成功と幸福を促進するため、専門
　職集団としての教職員を育成する。

〈基準8〉家庭や地域社会との有意義な関わり
　　効果的な教育リーダーは、一人ひとりの生徒の学習上の成功と幸福を促進するため、有意
　義で互恵的かつ相互に有益な方法で家庭や地域社会と関わり合うようにする。

〈基準9〉業務とマネジメント
　　効果的な教育リーダーは、一人ひとりの生徒の学習上の成功と幸福を促進するため、学校
　業務と資源をマネジメントする。

〈基準10〉学校改善
　　効果的な教育リーダーは、一人ひとりの生徒の学習上の成功と幸福を促進するため、継続
　的な改善を行う主体として行動する。

出所）National Policy Board for Educational Administration（NPBEA）, *Professional Standards for Educational Leaders 2015.*

つまり3つの関連する括りから構成されている。第1の括りは、カリキュラム
指導と評価、生徒に対するケアとサポートのコミュニティ（基準4, 5）、第2の
括りは、学校教職員の専門性を高めるとともに教職員の専門職コミュニティ、
家族やコミュニティとの有意義な関わり、学校業務マネジメント（基準6, 7, 8,

9)、第3の括りは、使命、ビジョン、核となる価値、倫理と専門職上の規範、および公平性と文化的配慮（基準1, 2, 3）から成り立っているといえる。また、基準10の学校改善の領域（基準10）は、すべての括りに関係するものであり、他の括りとともに教育リーダーは生徒の成績にどのように影響を与えるかの理論を反映していると捉えられる[13]。

　このように、2015年基準は専門職基準のモデルとしての位置づけであり、教育的リーダーシップの実践を導き、その成果を促進する手法である「行動の理論（theory of action）」として専門職基準がいかに効果的に使用され得るかを示すものである[14]。つまり教育リーダーの養成、免許、職能開発や評価に関わる専門職の実践に関する政策や規則の基盤を提供することにより、教育的リーダーシップに間接的に及ぼす位置にあるといえる。

　この2015年基準は全米教育リーダーシップ養成基準（National Educational Leadership Preparation Standards : NELP）や前述のELCC基準および認証レビュープロセス（Accreditation Review Process）を策定する手助けとなったとされる。しかもこれらの教育リーダーの養成プログラムが教員養成アクレディケーション協議会（Council for the Accreditation for Educational Preparation : CAEP）の基準（2013年制定）から受けようとするプロセス指針[15]となる役割を果たすとされる。また、この2015年基準は2015年校長スーパーバイザー養成基準モデルともなっており、各大学での教育管理職養成プログラムの独自性や多様性が認められているとはいえ、波及力は大きいのである。

3　伝統的な養成プログラム対オルタナティブルートによる養成の位置

　今日、全州教育協議会（Educational Consortium of States）の調査によると、47州は校長免許状取得において教育経験を要求する（そのなかで23州は教職経験）。しかも7州のみが3年以上を要求するが、通常1年から5年の経験要件である。また45州は校長免許状に最低限修士号を要求し、また3州は修士号以上の教育スペシャリスト学位あるいは博士号を要求する。

　これに対し全国的にみれば教育長に対する免許規定は前述のごとく柔軟性がみられるものの、25州が最小限修士の学位を要求し、12州は教育スペシャリ

スト学位、1州は博士号を要求する。また教育経験において35州は1年から10年のフルタイム雇用経験を要求しており、これらの州のうち17州は教職と行政経験の両者を要求している状況にある。ただし、2003年の調査では学区教育長の90％は教職経験を有している。

　このような免許状取得資格要件のなかで着目すべきは、校長や教育長といった教育管理職養成における伝統的な大学院養成プログラムに対するオルタナティブルートによる養成プログラムの出現である。この背景として、近年連邦政府がオルタナティブ養成プログラムに重要な役割を果たしているのを看過し得ない。この契機は先述のRttTプログラムにおいて、資質能力の高い有能な校長養成に関して学位取得プログラム以外のプロバイダーを認可し、校長免許資格取得へのオルタナティブルートの開発、拡充あるいは改善を促進することを各州に求めていたことが動因である。

　当時21州とワシントン特別区が補助金を受け、オルタナティブルートが優勢になったとされる。州政策に基づきさまざまなモデルが実現したが、1つは、州校長会のような専門職協会が行う専門職モデル、2つめは学区が中心となった自己成長管理職モデルであり、大学や利益団体とのパートナーシップもみられる。さらに3つめは、都市部のリーダー養成のための企業のモデルである。実際にはオルタナティブ養成ルートの志願者の95％は教育関係者であり、2010年当時教育長職に就いている95％は有効な教育長免許状を有する状況にある。一方、大都市（25,000人以上の生徒入学者）の教育長の86％は資格（Credential）を所有している状況にある[16]。

　そこで都市部の教育長養成のモデルとして民間のブロード教育長アカデミー（Broad Superintendent Academy：BSA）の養成プログラムを大学院における正統派ルートプログラムと比較検討してみる。このBSAはブロード財団が提供するプログラムであり、州の認可を受けていない。その目的は、ビジネス、軍隊、NPO、教育分野の志願者を対象とした大都市学区の教育長養成である。毎年10名から20名程度の卒業生を送り出しているが、半数以上は有色人種である。卒業生139名（2011年6月現在）のうち、教育関係者が半数であるが、軍隊や民間部門の出身者もみられる。進路として学区教育長のほか、教育長以外の学区の管理職、教育に関する非営利団体・企業の役員など重要ポストに就いている。

BSA卒業生のエビデンスとして、生徒の学力向上、ドロップアウト率改善、赤字から黒字への転換などの例もみられる。ただし、BSA入学者にはすでにMBA取得者や元来リーダーとして資質のある人材が難関を突破して入学（例えば2011年度は758名の志願に対し8名のみ）していることから、新たな試みとしてのBSAプログラムによって成長しているのか疑問視する声も、伝統的養成プログラム支持者からある。BSA幹部、教授陣の経歴から教育以外の管理職経験者が多いことから、学区教育長としてのマネジメント能力を基盤とした指導的リーダーシップを求めているのは確かである[17]。

これに対し、正統派ルートのユニークな養成プログラムに目を向けると、全国の大学に先駆けてハーバード大学教育大学院が博士課程専攻コースとして設立（1990-91年度）した「都市教育長プログラム」(20年間継続実施) がある。このプログラムは、アメリカ大都市地域に蔓延する貧困、子どもの学習環境の悪化、高校中途退学者の増加といった危機的状況のなかで、それに対応できる識見、指導力を具備した教育長の養成を校長養成とは連結しない独自のカリキュラムで実施している。1990年8月に新入生10名を迎えたが、毎年8-12名の入学者を受け入れることにしている。ただし、担当者であるウィリアム (William, John B.) 教授と筆者（八尾坂）との面談によると、黒人および女性の志願者が特に望まれていた。しかも入学者として現に、校長・教頭・教科主任・学区の教育行政官といった職に就いている者のほか、地方学区の教育長職にあるものもみられ、多様な経歴を有する者が自己の生涯キャリア形成を目指している。履修内容は11か月間（8月から翌年6月）のコース履修、続いて6か月から9か月に及ぶ大都市地域での実習が要求されている。実際に教育行政の指導的立場にある教育長を助言者として指導を受けるのであるが、この実習ののち、自己の職場に戻り、博士号取得のため都市部の学区に直面するさまざまな現実的教育課題を解決するための詳細な実証的分析からなる論文 (analytic paper) の提出が求められている[18]。

上記のBSAとハーバードのプログラムは対照的なルートであるが、長年教育長の研究を行っているコワルスキー (Kowalski, Theodore J.)によると、全米学校管理職協議会の30年間（1980年-2010年）に及ぶ教育長養成の研究からみれば、教育長の4人に3人は伝統的養成プログラムを"非常に良い"、"良い"と回答

12 特 集 NCLB法からコモンコアへ、その後の展開

すると指摘する[19]。しかも教育長免許状取得も大学の学位取得コースに入り、全教育長の46％は博士号を取得している。いずれのルートにしても実践を基盤としたカリキュラムの充実が州の政策や大学、あるいは民間による教育長養成に影響を与えていることは確かであり、しかも当該学区生徒の学力を向上させる十分に資質能力のある教育長が求められているのである。

以上の検討をふまえると、効果的な校長・教育長養成プログラムは、いずれのルートを取るにしても、以下の基本的な視点、要素を共通認識しておく必要があろう。実際、ペンシルバニア州の教育長養成プログラムを開設している26の公立・私立の大学院（1つのオルタナティブルートを含む）においても差異がみられたのであった[20]。

第1に、募集、選抜、入学についてである。ア．人種、性別に関わらず高い資質のある志願者の積極的募集　イ．入学のために活用される多面的な情報　ウ．志願者の指導的スキルのための価値や教授・学習の知識を示す規準の存在　エ．リーダーシップ評価ツールあるいはインタビュープロセスを包含した入学プロセス　オ．自己・他者推薦以外のプロセスも考慮に入れた入学方法、地方学区との協働体制。

第2に、プログラムの目標・哲学である。ア．指導的リーダーの育成、倫理性、社会正義、変革的リーダーシップ、コミュニティとの構築とコミュニケーション、ISLLCのようなリーダーシップ基準導入の重視　イ．課題に焦点をあてた明白なビジョン。

第3に、養成の核となるコースカリキュラム内容についてである。　ア．マネジメントに焦点化するよりも効果的な教授・学習をサポートするリーダーシップに焦点をあてたコース　イ．ケーススタディやフィールドワークの導入　ウ．学校や学級で生じている事象と連結したコースの重視　エ．非伝統的ルート養成の履修単位時間や内容の検討　オ．コーホートモデルの活用　カ．教授・学習における情報の効果的活用　キ．政治・社会・経済、法的問題に関わるコース内容　コ．協力的、協働的、省察的な実践重視のエビデンス。

第4に、インターンシップ、実地体験の重視である。ア．多様なグループの生徒、教職員との臨床実践　イ．熟練のメンターによる実効性のあるインターンシップ（期間、質）ウ．コースワークと演習の適切な履修方法　エ．イン

ターンシップ期間中、インターンに対する財源支援。

　なお、教育管理職養成プログラム担当のテニュア教員の存在（少なくとも5-6名）も考慮に入れる必要がある。

4　校長免許資格養成ルートへの新たな終了基準──PAL

　ところでマサチューセッツ州では、初期免許状（initial certificate）取得の校長養成（副校長含む）として、以下に示す3つのルートがある。この点、いずれかのルートへの共通取得要件としては、　ア．州認可教育機関（公立・私立・チャータースクール、高等教育機関等）やマネジメント・リーダーシップに関わる3年以上の雇用経験　イ．同州のMassachusetts Test for Educational Licensure：MTEL（コミュニケーション、リテラシースキルテスト）への合格である。また、ウ．3ルートプログラムはいずれも2011年改定の教育指導職リーダーシップ専門職基準（Professional Standards for Administrative Leadership）としての4基準（a.指導的リーダーシップ、b.マネジメントと業務、c.家族とコミュニティとの関わり、d.専門職文化）を満たす必要がある。この基準はやはり、先述のISSLC 2008年基準、州教育長協議会、ウォーレス財団や初等・中等学校長会、全米管理職協会などの研究成果を参考にしている。しかも、いずれの基準もすべての生徒の学習と成長への保証、すべての教職員の成功に焦点をあてており、前述の2015年NBCTE基準が目指すすべての生徒の成功と幸福の概念にも合致していると考えられる。

　まず1つめのルートは、マサチューセッツ州内の高等教育機関（大学院）のほか、初等・中等学校長会などの専門職団体、学区チャータースクールなどが主体となった養成プログラムである。2つめのルートは、教育指導職アプレンティスシップ・インターンシップ・プログラムである。校長・副校長のみならず、教育長・教育次長、スーパーバイザー／ディレクター、特別支援を要する教育の管理職、学校事務管理職も対象である。校長・副校長は500時間相当の学区主導によるインターンシップ（上位専門免許状を有するメンター指導による有償あるいは無償の実地経験）、あるいはアプレンティスシップ（ワークショップ、セミナーなどをも含んだ総合的な実地学習）を終了し学区教育長の認可を受ける

必要がある。

　3つめのルートは、パネルレビューである。大学院で経営学や行政学のプログラムを終了した者、あるいは経営や行政において主導的役割の雇用経験（3年間）がある者を対象とし、パネル（審査委員会）による終了認可を必要とする。第1、第2のプログラムが主流であるが、いずれも修士号取得を前提要件とせず、プロバイダーの多様化（大学以外は10機関）が特徴である。無論、連携大学院（ボストン大学、マサチューセッツ州立大学など）での追加履修により、教育学修士号取得は可能である[21]。

　この点、伝統的ルートである大学院養成以外のオルタナティブルートがこの州において発展している背景としては、やはり受講者によるプログラム効果を無視できない。マサチューセッツ大学Amherst校のGajida, Abecacaらが州内23の州認定校長免許プログラム（州立大9校、私立大9校、学区主導のオルタナティブプログラムを受講したことのある公立学校長　1524人の605人回答、経験年数3年以下24%、3〜10年経験45%、11年以上経験3%）の意識によると、受講科目によってはオルタナティブ養成プログラム受講が大学のプログラムよりニーズがあったのである（特にフィールドインターンシップ、学校アカウンタビリティ、学校格差解消の科目）。また、授業料の面、目的の明確さ、コースの受講便宜度（身近な会場、週末、夏季などの履修時間帯）、双方のルートからの拠り所の導入（地元の高等教育機関からの有能な教員によって提供されるコースとの統合）、コーホートモデルによる同僚性と学びのサポートなどに有益性があるのである。将来的には、いくつかのプログラムの現在のオルタナティブな位置が標準になるものとして、伝統的プログラムはプログラムを修正する必要があるかも知れないのである[22]。

　以上の履修方法に基づく履修案件において新たに2015年度から、義務要件となったのがリーダーパフォーマンス評価（Performance Assessment for Leaders：PAL）である。上述のいずれかの履修ルートで求められている実地学習との関わりで次の4つの課題に関する成果が求められ、2017年度では、2017年7月1日に始めて、提出物締切日が2018年6月30日である。4つの課題の合格点は平均2.75点（4点法）以上であり、しかも各課題の最低は2.1点であること、2.1点未満の各課題はその後次年度以内に再提出が認められている[23]。

課題1は、「生徒の学力向上のためのビジョンを通してのリーダーシップ」である。より効果的な学校における指導プログラム（カリキュラム、指導方法、評価）と学校文化の2つの視点に焦点をあて、ある学校の優先領域のための学校ビジョンと改善計画を開発する。その際、志願者は生徒の学力、学校文化についての量的・質的データを収集・分析し、また優先領域を焦点化し、現在の学級プログラム、サービス、実践を記録し、しかも、一連の目標、行動戦略を学校リーダーや主たるステークホルダーグループからの示唆を得て開発することが求められる。

課題2は、「専門学習文化のための指導的リーダーシップ」である。つまり教師の知識やスキルを改善させるため、構造化された学習活動を活用する少数グループの教師と関わることによって、生徒の学習を改善するための専門学習文化を育てるエビデンスが求められる。

課題3は、「個々の教師効果を観察し評価し支援することのリーダーシップ」である。教師の授業観察サイクルを記録し、教師の質についてフィードバックを与えるエビデンスを示す必要がある。

課題4は、「家庭・コミュニティとの連携のためのリーダーシップ」である。つまり生徒の学力あるいは生徒の健康、リクリエーション、学習に影響を与える社会的ニーズに関わりのある一つの学校の優先領域において家庭・コミュニティとの連携を改善するための提案を開発し、実行するエビデンスが求められている。

このような課題は1課題作成ごとに40〜80時間要すると考えられているが、課題を遂行するにあたってはメンターとなる校長と教職員への協力役割期待が具体的に提示されており、校長志願者がPALをクリアできるような配慮が州教育委員会によってなされている[24]。養成段階におけるパフォーマンスに基づく校長志願者評価の兆候であり、また、2015年ESSAの目指すすぐれた指導的リーダー養成の趣旨にも合致した取組とも考えられる。

おわりに

本稿ではアメリカの校長・教育長免許・養成政策の新たな展開に焦点をあて

考察した。校長・教育長免許制度の特徴として、教員の場合と同様であるが、歴史的に免許状の更新制・上進制が定着していることである。しかも校長・教育長免許状いずれも最初の取得要件（教育水準、教職・行政経験）に差異が見られる場合があるものの、同一州では有効期間、取得方式においてほぼ同一の形態が取り入れられていた。また、ISLLC 1996年、2008年基準とともに、NPBEAの教育リーダーシップ専門職基準（2015年）が各州の校長・教育長免許・養成・研修・評価政策、CAEPのような専門認証評価機関に示唆的影響を及ぼしていることである。

　さらに校長・教育長養成において従来の伝統的な大学院における養成のみならず、州認可のもと学区当局、初等・中等学校長会のような専門職団体あるいは一部の民間機関によるオルタナティブルートも定着していることを看取した。しかも教育長養成においては州認可ではない民間のBSAによるプログラムもあり、修了者は都市学区を中心に学区教育長や他の管理職としてのポストに就いていることも明らかであった。ただし、いずれのルートを導入するにしても「募集・選抜・入学」「プログラムの目標・哲学」「コースカリキュラム内容」「インターンシップ、実地体験」「専門のテニュア教員」の視点や要素から効果的教育管理職養成の在り方を各養成機関が共通認識しておく必要がある。

　さらに近年、マサチューセッツ州のように校長養成ルートの多様化が定着し、いずれのルートにおいても終了段階でリーダー能力評価を州が実施し、教育的リーダーとしての4課題に関する実践を基盤とした成果物を一年間以内に提出することが義務づけられている。その際、メンター管理職による指導支援も行われることになっており、人材育成のためのリーダー評価観と捉えることができる。

　今後の研究課題としては教員管理職の伝統的養成プログラム、オルタナティブプログラムにおけるカリキュラム内容との共通性、異質性の有無について州内養成機関を事例的に分析するとともに、専門職基準のプロバイダーへの反映状況により、望ましいプログラムの在り方を探る必要がある。

　日本における教職大学院の役割、校長や教育長などの教育行政職幹部職員に期待される役割、専門職基準作成における協働性についての手がかりを得ることも期待できよう。

注

1 Meibaum, Debra L., *An Overview of the Every Student Succeeds Act,* Southeast Comprehensive Center, 2016, pp. 32-33; Sharp,Laurie A., "ESSA Reauthorization：An Overview of the Every Student Succeeds Act," Vol. 4-1, 2016; *Texas Journal of Literacy Education*, pp. 1-4；"ESSA: New Law, New Opportunity － A Brief Guide of Excellence for State Leaders," *Public Impact,* 2016, pp. 1-7. 例えばすでにメイン州ではESSAタイトルⅡに基づき、低収入の家庭の生徒、有色の生徒に十分資格のある有能な教員を確保するため、タイトルⅡ財源として1070万ドルほどを活用している。Fairman, Janet and others, *The Every Student Succeeds Act : A Summary of Federal Policy and Implications for Maine,* Ja. 2017, 35pp.

2 Pierce, Paul R., *The Origin and Development of the Public School Principalship*, Univ. of Chicago Press, 1935, p.9, pp.153-154.

3 Peterson, B. H., *Certification of School Administrators in the United States*, (Unpublished Masters Thesis, Univ. of California at Berkeley, 1935), p.94.

4 Frazier, Benjamin W., *Development of State Programs for the Certification of Teachers,* (U.S.Bureau of Education, Bulletin 1938), U.S. Gov. Printing Office, No.12, 1938, pp.52-54.

5 Friedman, Mark R., *A Comparative Analysis of Certification Requirements for Elementary and Secondary School Principals in the United States* (Doctoral Dissertation, George Peabody College for Teachers,1980), UMI, pp.31-32.

6 Kowalski, Theode J., *The School Superintendent : Theory, Practice, and Cases*, the third edition, Sage Publications, 2013, p.33.

7 Kentucky Department of Education, Office of Teacher Education and Certification, *Kentucky's Beginning Principal Intern Program* (Effective July 1, 1988)；Frankhart, Colleen M. *Requirements for Certification 2017-2018*, The University of Chicago Press.

8 *Rhode Island Requirements for Superintendent of Certificate*, effective 1/1/198.

9 Levin, A., *Educating School Leaders* (the Education Schools Project), U.S. Govern- ment Printing Office, 2005

10 大竹晋吾「アメリカの学校管理職養成制度に関する研究―1990年代の州間連携事業における統一的基準の開発を中心に―」『教育制度学研究』8号、日本教育制度学会、pp.225-238、大野裕己「アメリカの学校管理職養成」『世界の学校管理職養成』ジダイ社、2017年、pp.104-120。Council of Chief State School Officers, Educational Leadership Policy Standards：ISSLC 2008.

11 Hackman, Donald G., "Considerations of Administrative Licensure, Provider Type, and Leadership Quality：Recommendations for Research, Policy, and Practice", *Journal of Research on Leadership Education*, 2016, Vol.11-1, pp.43-67; U.S. Department of Education, *Race to the Top Executive Summary,* 2009, 15pp. 柴田聡史「NCLB法以降の学校管理職養成・評価システムの変容」北野秋男編著『アメリカ教育改革の最前線』学術出版会、

2012年、pp.177-191。

12　National Policy Board for Educational Administration（NPBEA）, *Professional Standards for Educational Leaders 2015,* 27pp. 津田昌宏「[資料及び解題] 米国における教育上のリーダーの基準」『東京大学大学院教育学研究科教育行政学論叢』36号、2016年、pp.129-147。

13　NPBEA, Ibid. pp.3-4.

14　行動理論の考え方は、エリザベス・シティ、リチャード・F・エルモア、サラ・E・フィアマン、リー・テイテル著、八尾坂修監訳『教育における指導ラウンド―ハーバードのチャレンジ』風間書房、2015年、pp.49-74。

15　Council for the Accreditation of Educator Preparation, *2013 CAEP Standards*; 佐藤仁「米国における分野別質保証システムの事例―教員養成分野―」大学評価・学位授与機構、『大学教育における分野別質保証の在り方に関する調査研究報告書』2015年、pp.12-21。

16　Hackman, Doland G. Op. cit. p.47, また全国的にみて学区教育長の24％は女性であるが、女性教育長志願者は大学院博士課程に進み、教育行政の博士号を取得するルートが一般的であるとの指摘がある。Munoz, Ava J., Mills, Shirfey, Whaley, Sandra "Disparity in the Superintendency", *Contemporary Issues in Education Research*, Vol.7-4, 2014, pp.269-278.

17　宮崎安嗣「アメリカ教育長養成プログラムの動向」『中国四国教育学会教育学研究紀要』59巻、pp.426-431。The Broad report : the Broad Superintendents Academy, http//www.broadcenter.org/academy なお2010年度からは2年制のThe Broad Residency in Urban Educationがオルタナティブな教育長養成プログラムとして定着しつつある。2017-19年度入学者は72名（男41名、女31名、白人は43％）である。www.broadcenter.org

18　Harvard Graduate School of Education, the Urban Superintendents Program また1991年4月にウィリアム教授との面談による。

19　Kowalski, Theodore J., Op. cit. pp.26-40.

20　King, Sue A. *Pennsylvania Superintendent － Preparation ; How Has It Changed?* Doctoral Dissertation(U.M.I), Secton Hall University, 2010, pp.79-81.

21　Massachusetts Department of Elementary and Secondary Education, *Overview of Administrator Routes to Initial Licensure 603 CMR 700 & Guidelines Administrative Apprenticeship/ Internship and Panel Review,* January 2016, 24pp.

22　Militello, Matthew ; Gajda, Rebecca ; Bowers, Alex, J., "The Role of Accountability Policies and Alternative Certification on Principals' Perceptions of Leadership Preparation," *Journal of Research on Leadership Education*, Vol.4-2, 2009, pp.30-66.

23　*Massachusetts Performance Assessment for Leaders : Leadership Preparation Programs,* March 21, 2016, 17pp., *Massachusetts Performance Assessment for Leaders, Program Year 2017-18,* 111pp.

24　*Massachusetts Performance Assessment for Leaders (PAL) : Toolkit for School Leader Mentors,* 14pp.

特　集　NCLB法からコモンコアへ、その後の展開

NCLB法以後の米国における州スタンダードと
アセスメントをめぐる推移とその問題点

矢野　裕俊

Hirotoshi YANO

はじめに

　今世紀初頭におけるNCLB法（2002年制定）は、初等中等教育法（1965年制定）の改正というかたちを取るものであったが、初等中等教育法が社会・経済的に不利な状況に置かれた子どもたちに対する教育のための財政的支援のあり方を定めたものであったのに対して、NCLB法は対象をすべての子どもとして、スタンダードに基づく教育改革を強力に推し進めようとするものであった。学力向上と学校改善のために連邦政府がより明確な役割を担う法的枠組が作られたのである。

　NCLB法は学力向上をめざす教育改革の梃子としての役割を期待されたものであったが、制裁的な側面があることや、州や地域の個別的な実情を考慮しない一律の施策を定めたものであることなどに批判も多く、教育は州の権限であるとして連邦政府が教育に権限をもつことを禁じてきた合衆国憲法修正第10条への抵触の可能性も取り沙汰されてきた。

　NCLB法は2014年までにすべての子どもを「習熟」レベルにまで引き上げるという目標を掲げた法律であったが、2009年にはオバマ政権下で大統領府主導のRace to the Top（以下、RTTP）政策が進められ、大規模な連邦補助金の交付により、各州において州スタンダード（Common Core State Standards）というカリキュラムの基準と州統一学力テストによるアセスメントの導入が推進された。さらに2015年に入ると、NCLB法に取って代わる新たな法的枠組として「全て

やの　ひろとし　武庫川女子大学

20　特　集　NCLB法からコモンコアへ、その後の展開

の児童・生徒が成功するための法律」(Every Student Succeeds Act－以下、ESSA) が制定され、米国における連邦政府主導の教育改革は新たな局面を迎えている。

　本稿は、米国におけるNCLB法からESSAに至る教育改革の中で、学校のカリキュラムを実際に規制する州スタンダードとアセスメントについての考え方がどのように変化してきたのか、またそうした変化がもつ意味は何かを明らかにする。

1　NCLB法制定による州スタンダードと州学力テストの重要性の高まり

　NCLB法にはアメリカ学校改善法（Improving American Schools Act－以下、IASA) の制定（1994年）という前史があり、NCLB法の基本的枠組はIASAによって作られたものであったことが明らかにされている（ローラー 2016）。IASAによる州スタンダードの設定や州学力テストの実施、年間向上目標の達成に関わるアカウンタビリティ（連邦補助金を受けた学校のみ）の義務づけなどの考え方はNCLB法の基本的枠組として受け継がれたものである。

　州スタンダードについていえば、1990年代末以降、米国では、「ほぼすべての教科を対象として、特定の組織（学会、研究会、協議会、他）により法的拘束力をもたない全米基準が作られており、多くの場合、それらを参考に各州が教育課程基準やカリキュラムのフレームワークを策定」してきた。全米州教育長協議会の2006年のデータによると、「数学、英語、科学はすべての州で、社会(47州)、外国語(40州)、芸術(45州)、健康(44州)、体育(42州)、技術・情報・キャリア教育(25州)」と、多くの州で内容の基準が定められていた（勝野 2013）。

　これらは州スタンダードと呼ばれ、NCLB法の制定により、学校や学区が強いアカウンタビリティを求められるようになったことに伴い、学校のカリキュラムを規制する強力な存在となった。

　スタンダードとは、児童生徒がそれぞれのレベルで知っていなければならないこと、できなければならないことを指しており、それが各州において教科と学年レベルごとに設定され、そうしたスタンダードに基づいてカリキュラムが編成される。NCLB法では算数・数学、英語、理科に関してスタンダードの到

達水準が、基礎レベル、習熟レベル、発展レベルの3つに区分されたが、すべての児童生徒の到達水準が州学力テストで測られることによって、全米の学校がスタンダード・ベースド・カリキュラムへと収斂していくこととなった。

スタンダード・ベースドは、「教育を受ける中で生徒の理解や学習すべき知識・スキルの習得を示すことに基づいた授業、アセスメント、成績評価、成績通知のシステム」(The Great School Partnership, The Glossary of Education Reform) と定義されているように、カリキュラムとアセスメントとを一体のものとして捉えることをいう。カリキュラムの効果は常にアセスメントによって検証されなければならず、またそうした検証に基づいてカリキュラムの是非が判断されるという、両者の強固な関係が築かれるのである。

NCLB法は米国の州および学区が州の定めたスタンダードに照らして児童生徒の到達状況を報告することを義務づけた。NCLB法により導入された年間向上目標（Adequate Yearly Progress）は、州学力テスト（英語、算数・数学）、同テストの受験率（95％以上）、高校の卒業率を指標として測られ、これらがすべての生徒について満たされるだけでなく、4つのサブグループ（①経済的に不利な子ども、②人種・民族グループ、③障がいのある子ども、④英語習熟が不十分な子ども）のいずれにおいても満たされることを求めるものであった（ローラー 2016）。目標が達成されなければ、補助金を受けた学校では改善の取組を実施しなければならない。

NCLB法のもとで、特定の教科に限られたかたちで州スタンダードとその到達状況を州学力テストで測るという仕組みが強固に作られたのである。

学力のアセスメントとしては、NAEP（the National Assessment of Educational Progress）が第3学年から第8学年までの児童生徒を対象に隔年で行う、全米規模の抽出学力調査の結果が、久しく「国家の通知表」(Nation's Report Card) として公表されてきた。これは算数・数学と英語（English Language Art）に限って実施されてきた。しかしNCLB法によって、州レベルで統一的に第3学年から第8学年までの全学年で毎年行われる州学力テストとその結果が、アカウンタビリティの観点から各学校にとってはより重要なものとなり、時には学校の存続をも左右するものとなった（矢野 2003; 吉良 2009）。

こうしてかつて任意で行われていた州テストは強制性を帯びることになる

（北野 2015）。スタンダードが設定され、それに到達しているかどうかを調べるためのアセスメントが行われる。アセスメントは州でその実施を義務と定めているところもあれば、学区に判断を委ねているところもある。

わが国の教育課程の基準と比べると、米国の州スタンダードの設定には到達すべき学力水準という面があり、州統一テストによって到達状況が図られることを想定したものとなっている。州統一テストの実施が義務化されてきているゆえんである。

他方、主として賛同する州の協力で、Smarter Balanced、PARCC（Partnership for Assessment of Readiness for College and Career）といったアセスメントのためのコンソーシアムが作られ、後に述べる共通コアテストの開発が行われている。それにより、テストの開発・実施だけでなく、オンラインで全国統一のアセスメント・ツールや教室で利用するための教材などを教師が随時利用できるような環境が整えられてきている。そこではピアソン社のような民間大企業がテスト問題の作成・提供や実施に大きく関与していることも指摘されている（鈴木 2016; 北野 2016）。

そうした動きによって、テストによりカリキュラムが標準化へと規制されるという傾向が強まっている。また、アカウンタビリティとも結びついて、テストによるアセスメントに馴染みにくい教科が軽視され、読解や算数・数学といった、テストで学習状況を測定しやすい教科が重視されるようになっている。

2 Race to the Top 政策と州スタンダード

NCLB法は低所得層の子どもや障がいのある子どもに対する教育の面では問題点が多く、社会的不利地域に年間向上目標を達成できない学校が集中するなどの問題が指摘されていた。2009年にオバマ大統領（当時）によって始められたRTTP政策は、NCLB法とは別に、同法の問題点の是正を意図して、連邦教育省が高校までの教育のイノベーションや改革を進めるためのインセンティブとして、州や学区に43.5億ドルを競争的補助金として投入するというものであった（小林 2012; 藤田 2015）。

RTTPは学校間、学区間の競争により学力向上を進め、成果を挙げた州を優

先的に補助することによって、次の４つの特定領域で州に改革を求めるものであった（武田 2016）。その４つとは、①スタンダードとアセスメントを採用すること、②児童生徒の学習状況を測定し教員/校長の指導力向上につなげるデータシステムの構築、③指導力のある教員や校長の採用・研修・褒賞/確保、④学力最下層の学校のターンアラウンド（特定の抜本的措置による学校改善）、であった（U.S. Department of Education 2009）。NCLB法で定められた一律の強行的措置による学力向上・学校改善から報奨的な措置への転換を図り、補助金を大きく増額することで学校・学区・州の競争を強める一方、学業成績の最下位５％に入る学校および卒業率60％以下の高校には、廃校、校長・教職員の半数交代、チャータースクールへの転換、校長の更迭および教育方法・内容の変更、という４つの中から学校に選択させ、学校経営を強制的に転換させるという、それまで以上に強い強制力を働かせるという点では，連邦政府の権限を増大させる一面をもつものであった。そのため、NCLB法よりも強い制裁措置の性格をも併せもつ改革政策とみられている（北野 2017）。

　州スタンダードとアセスメントに注目すれば、RTTPによって促進されたのは州スタンダードと共通コアテストの導入である。全米教育長協議会と全米州知事会によって2009年に英語と算数・数学で州スタンダードの策定が始められ、それには大半の州（48州、２準州、コロンビア特別区）が共通のスタンダードとするべく参画した。これはそれまでの州スタンダードから一歩踏み込んで、カリキュラムの全国的な標準化をいっそう促す動きであった（新谷ほか 2015）。しかし、その後、州スタンダードの導入には消極的で、独自の州スタンダードの採用を決めた州もあり、2015年８月現在、州スタンダードを採用しているのは42州とコロンビア特別区となっている（ローラー 2016）。

　また、多くの州での州スタンダードの採用とともに、前述の Smarter Balanced や PARCC というコンソーシアムによって共通コアテストの開発も進められ、RTTPによって、それらがスタンダードへの到達状況を測るアセスメント・ツールとして実施することが促進されるようになった。しかし、州スタンダードを採用しているすべての州がそうした共通コアテストを実施したわけではなく、当初は45州と１特別区で実施が決められたが、2015-2016年度にすべての学年で２つのコンソーシアムによるテストのいずれかを採用しているのは15州

24 特 集 NCLB法からコモンコアへ、その後の展開

に留まっている（ローラー 2016）。その主な理由は、テストを受ける機会が多くなり、それが児童生徒への大きな負担となっている，ということが挙げられる。

Center on Education Policy（ジョージ・ワシントン大学）が学区の教育長または代わりとなるリーダー418人を対象に行った調査によると、従来の州テストに比べて、共通コアテストの実施に賛成する教育長（リーダー）の方が反対よりも多かったものの、「判断は時期尚早」との回答が「賛成」とほぼ同数に上った（Center on Education Policy 2016）。同調査はまた、共通コアテストを実施して得られるデータの有用性については教育長（リーダー）の意見は二分したこと、教育長や校長の間では共通テストに対する支持があるが、教員、教育委員会メンバーや親、ビジネス界の人、地方議員の間では支持されていないと考えているという結果が出た。さらに、多くの教育長（リーダー）が全般にテストの回数が多すぎると考えており、小学校についてはその比率は72％に上った。様々なテストの中では、州統一テストの実施回数を減らすべきだとする回答も過半数を超えており、教育行政の指導者は、アセスメントの実施自体にも問題を感じていることが明らかになったのである。州スタンダードの導入を促進し、あわせて共通コアテストの実施を推進するというRTTP政策は、学区の教育長（リーダー）の反対や慎重姿勢が根強いことからも分かるように、成功していない。

3 ESSAの成立

2015年12月に、NCLB法の改正として成立したESSA（Every Student Succeeds Act）は、NCLB法にあったいくつかの問題点を改善するものであった。州にスタンダードの導入を義務づけるものの、連邦政府が各州に州スタンダードの導入を強いたり奨励したりすることは禁じられ、州が自主的に独自のスタンダードを設定することができることとなった。また、それまでと同様に、州には第3学年から第8学年までの児童生徒に毎年、高校生には在学中に一度は学力テストを実施することが義務づけられたが、どのようなテストを実施するのかは州の自由裁量に委ねられた。それに伴って、NCLB法の最大の特徴ともいえる

「年間向上目標」（AYP）は廃止された。児童生徒が到達すべき学力レベルやその評価手法は州の裁量事項となったのである。こうして連邦政府の主導により、学校のカリキュラムの基本構造を規制する州スタンダードとアセスメントの統一的な仕組みを作り上げるというそれまでの試みは方向転換を迫られ、ESSAの成立により地域的な事情を考慮し、州や学区に決定権限をもたせる仕組みが設けられたのである。これには「1990年代半ば以降20年以上にわたって強化されてきた連邦の初等中等教育への影響力には、今回、一定の歯止めがかかったことになる」（ローラー 2016）との評価がある。

　また、ESSAでは学校にテスト成績等の公表とともに、学校が得ている連邦補助金の額についても公表することが課せられ、より強いアカウンタビリティが求められている。公立の学力困難校がチャータースクールへと転換するという道も否定されたわけではないが、その決定権限は連邦ではなく州に帰属するものとされ、そうした転換が行われた場合でも、チャータースクールの教育とその運営については質保証の点からの監査が行われることも法律で明記された。

　NCLB法との主な違いを整理してみると、**表1**のようにまとめられる。

4　連邦主導の改革と公立学校教育の市場化

　NCLB法からESSAに至る、学力向上と学力格差解消のための連邦政府の政策は連邦政府と州・学区との権限帰属に関して微妙なゆらぎを含みつつも、大枠として連邦補助金を梃子に州スタンダードの設定と州学力テストなどのエビデンスベースのアセスメントの導入を進めることで学校改善を図るという点では一貫したものであった（三菱UFJリサーチ＆コンサルティング 2017）。学校改善を測るための基本的な戦略が、テスト成績を中心としたエビデンスベースのデータに基づいて連邦補助金と制裁的側面をもつ改善措置を主な内容としている、という点では変わりない。

　その中での違いは、ESSAにおいては、スタンダードとアセスメントのあり方が州の自主性に委ねられたことがまず注目される。それとともに、アセスメントにおいてテスト成績のみに頼るという学校評価から、テスト成績だけでなくドロップアウト率や出席状況などを含む、より包括的な評価指標が導入され

26　特　集　NCLB法からコモンコアへ、その後の展開

表1　ESSAとNCLB法の主な違い

	ESSA	NCLB法
州と連邦との権限	連邦が法律によって枠組を作り、その中で各州が独自の学力到達目標を設定することができる。	連邦が法律によって枠組を作り、その中で各州が独自の学力到達目標を設定することは困難。 2014年までにすべての児童生徒が習熟レベルに到達する。
テスト	州は独自のテストを利用しなくてもよい。SATやACTのような全国的に認められたテストを利用することができる。 州や学区が不要なテストを廃止することを奨励する。 7つの州が「イノベーティブな」テストを開発するのに補助金を交付する。	州は独自のテスト以外のテストを理様する選択権をもたない。
スタンダード	州が設けるスタンダードは州スタンダードでもよいが、連邦政府は州の決定に影響力を行使してはならない。	州は英語と算数・数学、理科でスタンダードを設定しなければならない。 連邦政府が特定のスタンダードの採用を奨励することは禁じられない。
アカウンタビリティの方法	州は学校の評価においてテスト成績以外に次の4つの評価指標を考慮しなければならない。 ① 英語と算数・数学のテスト成績 ② 英語の習熟度テストの成績 ③ 高校の卒業率 ④ 州が選んだ学力評価指標 5番目の評価指標として、幼稚園への準備状況、高校でのAPなどの履修および修了の状況、大学への準備状況、学校の風土と安全性、慢性的不登校の状況を考慮する。	学校の評価において児童生徒の学業成績のみに注目し、主に州テスト成績（英語と算数・数学）を利用する。
達成目標	州は児童生徒の到達目標を設定しなければならない。学習の遅れがちな児童生徒にも野心的な目標を設定し、学力格差を縮めるものでなければならない。 学校に対する連邦政府の制裁はない。	州はすべての児童生徒を「習熟」レベルに到達させなければならない。 州は学校改善のための年間向上目標（AYP）を設定しなければならない。 AYPが達成されなければ、要改善校として、教員の解雇等の連邦政府の制裁が行われる。
州・学区による困難校への支援	州および学区はドロップアウト率の高い学校、一貫して困難に立ち向かう学校、特別支援教育などの児童生徒のいる学校のための支援計画を立てなければならない。 具体的な中身の決定は州または学区と学校に委ねられるが、その際にエビデンスベースの方法を用いなければならない。	連邦政府が州に学校改善のための特定の措置を提示する。州や学区の意思決定は誓約されている。

出所）The Understood Team, The Difference Between the Every Student Succeeds Act and No Child Left Behind（https://www.understood.org/en/school-learning/your-childs-rights/basics-about-childs-rights/the-difference-between-the-every-student-succeeds-act-and-no-child-left-behind）に基づき、筆者作成。

るという、アセスメント体制の変化も見逃せない。しかし、それにより州や学区の自主性と主導性を回復して，州独自のスタンダード＝アセスメント体制が構築されるかといえば、ことはそれほど単純ではなさそうである。というのは、スタンダードやそれに対応したアセスメントの体制をコントロールしてきたのは連邦政府だけではないからである。州スタンダードの設定や学力テストおよびそれに関連した教材の開発において、民間企業や企業が設立した民間財団への依存が強まり、学校はそうした民間の手により作られたスタンダード＝アセスメント体制に組み込まれ、教員は既成のテストや教科書・教材の消費者となることを強いられる。表面的には州や学区の自律性が確保されたかにみえる仕組みの中でも、こうしたビジネス市場の拡大と民間企業による教育支配が進行しているのである。

　NCLB法からESSAへと至る連邦法の枠組みは、公立学校教育の市場化と企業支配の強化を図るものであるという点では変わりないのである。公立学校のチャータースクールへの転換をも含めた、こうした公立学校での民営化、市場化、企業支配への動きが強まっている。そうした動きに対しては米国公教育の「崩壊」という捉え方すらみられる（鈴木 2016）。スタンダードの設定とアセスメントの導入による学力向上と学力格差解消のための連邦政府の試みは、巨額の費用が投入される大事業であるだけに、そこにビジネスが入り込む余地も非常に大きい。前述したテスト政策だけでなく、州スタンダードの開発や、州独自のスタンダードの開発においても民間企業や企業が設立した財団が関与しており、教育の市場化の流れを進める役割を果たしている（北野 2017）。この流れは、エビデンスベースの教育政策を受け継ぎアカウンタビリティを強化するESSAのもとでも、確実に進んでいるのである。そのことがもつ意味は、学校－学区－州の自律的な意思決定を弱体化させ、市場原理が学校教育への支配力を強めるものだということである。

引用文献

勝野頼彦（2013）諸外国における教育課程の基準（改訂版）：近年の動向を踏まえて（教育課程の編成に関する基礎的研究報告書4）、国立教育政策研究所。

北野秋男（2015）学力テストの暴力性：アメリカにおける教育評価体制の歴史、Forum on

Modern Education、24、1-9。

北野秋男（2017）現代米国のテスト政策と教育改革、教育学研究、84（1）、27-37。

吉良直（2009）どの子も置き去りにしない（NCLB）法に関する研究：米国連邦教育法の制定背景と特殊性に注目して、教育総合研究、2、55-71。

小林宏美（2012）2000年以降のアメリカ合衆国の教育改革：オバマ政権のNCLB法改革案に注目して、文京学院大学人間学部研究紀要、14、203-213。

新谷龍太朗ほか（2015）アメリカにおける共通コア州スタンダードに対する学校の反応と課題：ニューヨーク州の小・中・高等学校でのフィールドワークをもとに、日本教育社会学会発表要旨集録。

鈴木大裕（2016）崩壊するアメリカの公教育—日本への警告—、岩波書店。

武田直己（2016）Race to the Top政策に関する論点の提示、教育論叢、59、65-74。

藤田晃之（2015）アメリカの教育改革（1）、坂野慎二編『海外の教育改革』放送大学教育振興会、82-98。

三菱UFJリサーチ＆コンサルティング（2017）諸外国における客観的根拠に基づく教育政策の推進に関する状況調査報告書、文部科学省。

矢野裕俊（2003）アメリカにおける学力問題：基準の設定とアカウンタビリティがもたらすもの、比較教育学研究、29、42-52。

ローラー、ミカ（2016）アメリカ初等中等教育法の改正—教育における連邦の役割—、レファレンス、790、49-74。

Center on Education Policy（2016）*District Leadership in the New Era of Assessment*, February 2017

U.S. Department of Educationn（2012）, Race to the Top Fund, https://www.ed.gov/race-top/district-competition/definitions

特 集　NCLB法からコモンコアへ、その後の展開

州や学区の学力向上策を支援する連邦法としての
##　　ESSAの特徴

岸本　睦久
Mutsuhisa KISHIMOTO

はじめに

　2015年12月10日、オバマ大統領の署名により初等中等教育法の2015年改正法となる「全ての児童・生徒が成功するための法律（Every Student Succeeds Act）」（以下、ESSAとする。）が制定された。これは、2002年1月制定の改正法「落ちこぼれを作らないための初等中等教育法（No Child Left Behind act）」（以下、NCLB法とする。）が連邦教育長官に認めていた初等中等教育法に基づく支援事業の授権期間を設定し直すものである。同時に、同法では支援事業による財政支援を受ける州に求められる要件も改められている。

　連邦議会の委員会報告や連邦教育省の公表資料によると、ESSAが目指すところは「低所得家庭出身の児童・生徒や英語を母語としない児童・生徒、障害のある児童・生徒など、歴史的に不利な立場に置かれてきた子供たちを中心に、全ての子供たちに対して学力を身につける機会を確実に提供するように、州や学区が全国の公立学校を改善し、支援できるようにすること」である[1]。そのため、2007年に予定されていたNCLB法の改正が行われなかったことで批判が高まった財政支援の受給要件を見直し、現状にあわせて学校改善、学力向上を促す内容に改められた[2]。この見直しにおいて基本方針となったのは、「学力向上のために何を行うのかを決める責任は、州や学区、教員、親に戻す」（アレクサンダー上院議員）[3]ことであった。

　本論では州や学区の学力向上策を支援する連邦法としてのESSAの特徴を探

きしもと　むつひさ　文部科学省

る。そこでまず、同法制定までに浮上したNCLB法の問題点を確認し、これを踏まえて初等中等教育法中最大規模の支援事業を定めるTitle Iに焦点を当ててESSAとNCLB法の異同を明らかにする。ここから学力向上策における連邦と州や学区との関係の変化を考えてみる。

1　ESSA制定の経緯とNCLB法の問題点

　NCLB法はブッシュ政権（2001年1月〜2009年1月）下の2002年1月に制定された。第3学年から第8学年までの全ての学年で州内統一の学力テストを実施することなど、当時の状況からするとかなりの負担を各州に要求する内容であったにも関わらず、制定当初は超党派の支持が寄せられた。同法は2007年度末で授権期間を終了することとなっていたが、ブッシュ政権下で改正法が定められることはなかった。

　2009年に誕生したオバマ政権は教育政策を重視し、同法改正にも意欲的であった。2010年3月には、政権として改正法骨子案を公表した[4]。こうした政権の動きに対して、連邦議会でも改正法案が提案され、2011年の法案（S.3578）は同年10月20日に上院の保健教育労働年金委員会を、2013年の法案（H.R.5）は7月19日に下院本会議まで通過した[5]。しかし、いずれも会期切れで廃案となった[6]。

　連邦議会が改正法を立法化できない流れが続く中で、オバマ政権は2011年3月、NCLB法第9401条に基づき、財政支援の受給要件を免除する手続きを定め、同法とは別に連邦政府が定める一定の条件下で各州が独自に教育改革を進めることを認めた[7]。免除を求める州が連邦政府に申請する教育計画に含めることを求められた条件は、①大学進学や就職につながる州の教育スタンダード、②教育成果が下位15％に含まれる学校に対する改善策、③担当する児童・生徒の学力に基づく教員評価に関する指針の3点であった。ESSAが制定された2015年までに43州とワシントンD.C.が連邦政府から免除を認められた[8]。

　このように、オバマ政権がNCLB法が求める要件を免除し、各州の計画に基づいて教育改革を進めることを認めた背景には、法改正をできない連邦議会に対する苛立ちとともに、実態にそぐわなくなったNCLB法の要件「教育改革

達成指標（Adequate Yearly Progress）」（以下、AYPとする。）があった。AYPは、2013年度終了までに州の公立学校在学者が達成率100％を目指す、教育成果指標の年度別達成目標であり、その中心となるのが州の教育スタンダードに準拠した英語と数学の州内統一の学力テストにおいて州が定める学力水準に到達した者の比率であった。NCLB法では、AYPの未達年数が連続2年以上になったTitle Iによる財政支援受給校は要改善校に指定され、在学者は他校への転校を認められた。さらに未達年数が連続すると、改善計画の策定・実施、教育課程の変更、教職員の入替、チャータースクールへの地位変更等へと是正措置が厳格化していった。

　ところが、最終的な到達者の目標比率が100％と現実的な数値ではなかったこと、さらに半数近い州がAYPの設定期間の後半、NCLB法の授権期間終了後に目標比率を大きく上昇させるように設定していたことなどから、2013年度終了が近くづくにつれて要改善校の比率が増大し、是正措置の段階も上がっていった。ダンカン連邦教育長官（当時）が2011年3月9日の連邦議会下院教育労働委員会で行った証言によれば、連邦教育省の推計で当時40％前後であった未達率が翌年に2倍以上に急増する可能性があったという[9]。こうして、AYPは期待された学校改善に機能していないとみなされるようになった。

　NCLB法の授権期間終了以降に、同法に関してもう一つ問題となったのは学力テストであった。NCLB法で実施が求められる学力テストについては、AYPの達成を目指して学力テストの対象教科である英語と数学に偏重したカリキュラムが教育困難校を中心に提供されることを批判されていたものの、郊外にある比較的豊かな地域の学校からはあまり関心を寄せられることはなかった。しかし、2013年度終了が近づくにつれてAYPの目標比率が上がり、各学校が学力テストの平均点で要件を満たせなくなると、AYPや学力テストに関する人々の「無関心」は「不快感」に変わっていったという[10]。また、NCLB法による要請に加えて、州や学区の求めにより学校現場では過剰に学力テストが行われるようになったこと、オバマ政権が児童・生徒のテスト成績を判断材料とする教員評価の導入を進めようとしたことから、教員や保護者から学力テストに対する批判的な声が強くなった[11]。保護者の間には子供に学力テストを受けさせないようにする動きもみられるようになった。

2　Title I におけるNCLB法とESSAの異同

（1）ESSAの構成と Title I

　AYPの学力向上に対する効果への疑問や学力テストへの不満が高まる中で定められたESSAであったが、法律の構成はNCLB法との違いはあまりない。ESSAの構成はTitle IからTitle IXまでの全9タイトルで、これは全10タイトルから構成されたNCLB法から地方の裁量拡大を規定したTitle VIを除いたものである。タイトルの名称や順番もほぼ同様である。

　NCLB法で批判の対象となったAYPや学力テストは、Title Iで定められた財政支援の受給条件として州が策定する教育計画の必須要素であった。Title Iは元来、経済的に恵まれない地域を対象とした財政援助事業を定めたものであり、その支援規模は他のタイトルに基づく事業と比べて突出して大きい。ESSAにおいても同法の下で支給される財政支援全体の7割がTitle Iによるとされる。

　NCLB法では、指導内容や到達目標を示した教育スタンダードとこれに対応した州内統一の学力テストにより州内公立学校の教育成果を明らかにし、教育困難校を特定して支援するアカウンタビリティを重視した州教育計画の策定・実施を要件として定め、地域間の教育条件や学力の差の是正を目指した。ESSAでも不利な立場に置かれた子供たちを中心に、全ての子供たちの学力を引き上げる州や学区の取組を支援することを目指しているが、NCLB法で批判されたAYPと州内統一の学力テストは、ESSAにおいてどのように規定されているのか。これらに注目してTitle IにおけるESSAとNCLB法の異同を確認する。

（2）教育スタンダードと学力テスト

　ESSAが求める教育計画では、NCLB法と同様、州は少なくとも英語、数学、理科について指導内容と到達目標を定めた教育スタンダードを策定しなければならない（sec.1111 (b)）。NCLB法では教育スタンダードには3つの到達水準を設定することとし、このうち中間の水準をAYPの目標としていた。ESSAでは3つ以上の到達水準を設定することが求められているが、あわせて教育スタンダードに基づく教育課程の修了が州立高等教育機関の単位取得可能な課程への入学要件に結びついていることで「挑戦的」な水準の確保が図られている

(sec.1111 (b)(1)(D))。さらに、州が現在採用している教育スタンダードを
ESSAにおいても継続することを認めている（sec.1111 (b)(1)(H)）

　この他、ESSAでは重度の知的障害を持つ児童・生徒を対象としたスタン
ダードと英語を母語としない児童・生徒を対象とする英語運用能力に関するス
タンダードを定めるとする規定（前者がsec.1111 (b)(1)(E)、後者が同（F））が
新たに加わえられている。また、連邦教育長官が州の教育スタンダードの採用
に関して審査や承認を行ったり、何らかの統制を加えることを禁ずる規定も新
たに定められている（sec.1111 (b)(1)(G)）。

　ESSAが求める教育計画では、英語と数学と理科の教育スタンダードに対応
した州内統一の学力テストを実施しなければならない（sec.1111 (b)(2)(A)）。
実施は州内全域とし、同一のテストが、州内全ての公立学校で実施される
(sec.1111 (b)(2)(B))。英語と数学のテストは第3学年から第8学年の全ての学
年で、第9学年から第12学年の間については、いずれかの学年で実施されなけ
ればならない（sec.1111 (b)(2)(B)(v)）。理科については、第3学年から第5学年、
第6学年から第9学年、第10学年から第12学年の各学年区分において、いずれ
かの学年で1回以上実施されなければならない（sec.1111 (b)(2)(B)(v)(II)）。こ
うした学力テストの対象教科や実施頻度はNCLB法と同じである。

　ESSAで新たに設けられた規定の一つが、学力テストをポートフォリオやプ
ロジェクト学習、課題実技などの形式で行うことを認めるというものである
(sec.1111 (b)(2)(B)(vi))。また、州による重度の知的障害をもつ児童・生徒を
対象とした学力テストの実施（sec.1111 (b)(2)(D)）と、学区による英語を母語
としない児童・生徒対象の英語運用能力に関するテストの実施を教育計画に盛
り込むこととなっている（sec.1111 (b)(2)(G)）。

(3) アカウンタビリティ制度

　NCLB法では、州が定めた学力水準到達者の目標比率であるAYPを満たせな
かった学校に対して未達年数に応じた是正措置を講ずることが求められた。
ESSAではAYP及びAYPに基づく是正措置は設けられておらず、これに代えて
Title IのPart Aに基づく補助金を受けている全公立学校中下位5%の学校を学校
改善の対象校として特定することを州に求めている（sec.1111 (c)(4)(D)(i)(I)）。

さらにハイスクールについては卒業率が67%未満の学校も対象となる（sec.1111 (c)(4)(D)(i)(II)）。

州は学校改善の対象校として特定された学校について所管学区に通知する（sec.1111 (d)(1)(A)）。通知を受けた学区は対象校について改善計画を策定・実施することが求められている（sec.1111 (d)(1)(B)）。ただし、NCLB法と異なり、対象校に実施しなければならない改善策は、義務的なもの、助言的なもの、いずれも定められていない。

要改善校を指定するAYPの内容としてNCLB法では、主に州の教育スタンダードに準拠した英語と数学の州内統一の学力テストの成績を用いた。ESSAでは児童・生徒の学力に関する長期目標を設定し（sec.1111 (c)(4)(A)）、その目標達成に向けた進捗状況を次のような指標で示すことが求められている（sec.1111 (c)(4)(B)）。

第一に数学と英語に関する州の学力テストにおける全公立学校在学者の成績、第二にハイスクールを除く全公立学校在学者について、学力の伸びあるいはその他の学校の教育成果を現す学力関連の指標、第三に州内全ての公立ハイスクールにおける入学4年後の卒業率、第四に英語を母語としない児童・生徒の英語運用能力、第五に学校の質や児童・生徒の成功に関する指標である。第一から第三まではNCLB法でも求められたが、第四と第五はESSAで新たに加えられたものである。ESSAではこれらの指標を基に学校改善の対象校が特定される。

AYPとともにNCLB法のアカウンタビリティ制度を特徴づけていたのが、教育成果に関する指標を州全体、学区単位、学校単位で公表することとともに、教育上不利な立場に置かれている児童・生徒集団についても集団単位で公表することであった。ESSAでも、この方針は引き継がれている（sec.1111 (c)(2)）。具体的には、経済的に不利な状況にある児童・生徒、人種的、民族的なマイノリティ集団に属する児童・生徒、障害のある児童・生徒、及び英語を母語としない児童・生徒の四集団の情報を各指標について公表することが求められている。この下位集団の分類もNCLB法と同様である。

3 州や学区を支援する連邦法としてのESSAの特徴

Title Iにおける財政支援の受給要件についてNCLB法とESSAを比較すると、NCLB法のアカウンタビリティ制度で求められていたAYPやAYPに基づく要改善校を対象とした是正措置は、ESSAでは定められていない。ESSAでは教育成果が下位5％にある学校を改善対象として特定することとされ、改善対象となった学校への対応は学区が決定することとなっている。ESSAでは、公立学校や所管する学区のアカウンタビリティを重視しつつも、学力差を是正し、学力向上を図る方法については州や学区の裁量に委ねられている。

一方で、州の教育計画のもう一つの柱である教育スタンダードやこれに対応した州内統一の学力テストは、対象となる教科や学力テストの実施学年、実施頻度においてESSAとNCLB法の間に違いはない。さらに、ESSAでは英語を母語としない児童・生徒や知的障害をもつ児童・生徒に対して専用の教育スタンダードや学力テストを要請している。子供たちの教育的ニーズへの対応という点からすると、NCLB法よりも丁寧な対応が求められているといえるであろう。このほか、上述のアカウンタビリティ制度についても、改善対象となる学校を特定するための指標をマイノリティや貧困家庭の出身者などの下位集団に分けて提示する方法は、NCLB法の方針が引き継がれている。

ESSAの法案提案者で、同法制定に主導的役割を果たしたアレクサンダー上院議員は、ESSAについて、教育改革に関する州や学区の裁量を元に戻すことで「革新の洪水」を引き起こすものと述べたという[12]。だが、少なくともTitle Iで求められる州の教育計画に関する条文を比較する限り、ESSAにはNCLB法の方針を引き継いでいるところが少なくない。俯瞰すれば、ESSAもNCLB法もアカウンタビリティを重視した州や学区の学力向上策を支援するものであるが、NCLB法で州や学区の政策に踏み込んだ連邦政府が、ESSAにおいてやや引いたとみることができるかもしれない。

このような変化について、ESSAはアカウンタビリティ制度の限界や州・学区に裁量を戻すことの重要性などNCLB法下の14年間で学んだ成果であるという見方がある[13]。NCLB法とESSAのTitle Iの条文の比較から、こうした見方の是非を述べるのは困難であるが、連邦の教育政策を探るには興味深い視点で

ある。過去の改正に遡って、それぞれの成果に対する評価や反省を改正時の政治情勢とともに検証することにより、州や学区の学力向上策に対する連邦の影響の推移やそこにおけるESSAの役割について、より鮮明な理解を得ることができると思われるが、この点については稿を改めたい。

注

1　Committee on Health, Education, Labor, and Pensions（U.S Sanate）（2016），*EVERY CHILD ACHIEVE ACT OF 2015: REPORT OF THE COMMITTEE ON HEALTH, EDUCATION, LABOR, AND PENSIONS UNITED STATES SENATE TOGETHER WITH ADDITIONAL VIEWS TO ACCOMPANY S. 1177*（*S.Rept 114-231*），p.2.

2　U.S. Department of Education, Every Student Succeeds Act（ESSA）（https://www.ed.gov/ESSA）（2017年9月17日確認）

3　文部科学省（2016年）『諸外国の教育動向　2015年』明石書店、32-34頁。

4　文部科学省（2011年）『諸外国の教育動向　2010年』明石書店、24-26頁。

5　文部科学省（2012年）『諸外国の教育動向　2011年』明石書店、27-29頁、「文部科学省（2014年）『諸外国の教育動向　2013年』明石書店、28-31頁。

6　Committee on Health, Education, Labor, and Pensions（2016），pp.6-7.

7　文部科学省（2012年）29-33頁。

8　Committee on Health, Education, Labor, and Pensions（2016），p.3.

9　U.S. Department of Education, "Winning the Future with Education: Responsibility, Reform and Results（Oral Testimony of U.S. Secretary of Education Arne Duncan），"（Mar.9, 2011）（https://www.ed.gov/news/speeches/winning-future-education-responsibility-reform-and-results）（2017年9月17日確認）

10　Frederick M. Hess and Max Eden（eds）（2017），*The Every Student Succeeds Act: What It Means for Schools, Systems, and States*, Harvard Education Press, pp.32-33.

11　Frederick M. Hess and Max Eden（eds）（2017），p.47.

12　Frederick M. Hess and Max Eden（eds）（2017），p.57.

13　Frederick M. Hess and Max Eden（eds）（2017），p.41.

特　集　NCLB法からコモンコアへ、その後の展開

「中央集権化」状況に見る連邦政府と州政府 (人民) の相克
──マグネット・スクールとチャーター・スクールの意義を問う

加藤　幸次
Yukitsugu KATO

はじめに

　教育目標の設定と評価基準の「スタンダード化」を図ることによって中央集権化を志向してきている連邦政府の教育政策は、アメリカ教育にあって、1つの流れに過ぎないと考えるべきである。中央集権制をとる日本では、この1つの流れに過ぎない連邦政府の教育政策とそのもたらしてきたものへの関心に偏りがちである。しかし、憲法修正第10条によって教育の地方分権制度を保障してきたアメリカでは、州政府 (人民) による教育政策とそのもたらしてきている、もう1つの重要な流れがあり、この流れにも、注目すべきである。さらにいえば、この2つの流れは"共に" 1960年代半ば始まり、今日に至っているものである。結論的にいえば、前者は統一化・一様化の流れであり、後者は多様化・個別化の流れで、この2つの流れの混在こそアメリカ教育の特色である。

　第1の流れは、確かに"主たる"流れといってよいのであるが、連邦政府による「中央集権化」政策の流れで、そこに、連邦政府と州政府 (人民) との間に"直接的な、のっぴきならない"相克が生じてきている。

　1964年の公民権法の成立を背景に、1965年に超党派で成立した『初等中等教育法 (Elementary and Secondary Educational Act)』は連邦政府の教育への"介入"を許すものとなり、州政府 (人民) の教育に対する権限は強く制約され、相克を生むこととなった。すなわち、連邦政府は貧困撲滅 (War on Poverty) 政策の一環として、貧困家庭の子どもたちの読解 (Reading) と数学 (Mathematics) に

かとう　ゆきつぐ　上智大学名誉教授

特化して学力格差（Gap）の解消に乗り出し、州政府の教育政策に介入し始めた。この初等中等教育法を引き継ぎ、強化した形で、2002年、共和党ブッシュ政権の下で、超党派で、『落ちこれを作らない教育法（No Child Left Behind Act）』が成立し、連邦政府は州政府の教育政策への"介入"の度を強めた。2010年、民主党オバマ政権は『頂点を目指す競争（Race To the Top）』策をとるが、それはNCLB法を引き継ぐものであった。2015年に、再び超党派で、NCLB法に代わって『全ての児童・生徒が成功するための法律（Every Student Succeeds Act）』が成立し、共和党トランプ政権のもとに引き継がれた。しかし、この新しいESSAは州政府に権限を戻す方向に向かうといわれていて、これまでの連邦政府の教育政策への強い"介入"の転換点になるかもしれない。

　第2の流れは、このような「中央集権化」の流れの中あっても、厳然として行われてきている州政府（人民）の教育改革の流れでる。すなわち、憲法修正第10条によって保障されてきた教育に関する「それぞれの州または人民（the States respectively, or the people）に保留された権限」の維持・発展をめぐる流れである。

　ここでは、連邦政府と州政府（人民）との間の相克であるというよりは、ヴァウチャー（Voucher）制度をめぐる動きを除けば、概して連邦政府は州政府の教育政策に対する介入を控えているか、あるいは、"間接的な、もつれあった"関わりにとどめてきているといってよい。1960年代に顕著であったオープン・スクール（Open School）やフリー・スクール（Free School）に端を発し、やがて、オルタナティブ・スクール（Alternative School）として一般的に認知され、今日、「地方分権」制度の象徴ともいえるマグネット・スクール（Magnet School）とチャーター・スクール（Charter School）につながる学校改革の流れである。前者は、人種統合を目指して、主に都市部で展開されてきている学校選択を可能にしている学校制度であり、後者は、学校の設置主体を「地方自治体（学区）」から「有志の教育団体（人民）」に移した、今までにない新しい公立学校制度である。1991年、ミネソタ州で『チャーター・スクール条例（Minnesota Statues 124E）』が制定され、カリフォルニア州がそれに続いた。その後、チャーター・スクールは多くの州に広がり、特に近年、大幅に学校数を伸ばしてきている。

強調していえば、中央集権制をとる日本では、関心は第1の流れにあり、し
かも、これまでの研究は連邦政府の「中央集権化」政策を批判的にとらえ、ア
メリカ公教育の"破壊"につながるものと、理解されている。こうした研究は
極めて偏ったもので、本来、地方分権制をとるアメリカの各州政府や学区の動
きにも関心を持つべきである。連邦政府による「統一化・一様化」の動きにも
関わらす、伝統的に教育の「地方分権」が確立しているアメリカでの各州政府
や学区の動きによってもたらされる「多様化・個別化」の流れは無視できない。
この小論では、まず、連邦政府の「中央集権化をめぐる連邦政府と州政府の直
接的な相克にふれ、次に、州政府・学区が推進してきた教育の「地方分権」政
策を取り上げ、間接的であるが、より根本的な仕組みの中での両者の相克につ
いて検討する。

1　連邦政府の「中央集権化」策は超党派の試みである

　2009年1月に政権についたオバマ政権は、前ブッシュ政権が2002年1月に制
定したNCLB法（落ちこぼしを作らない教育法）を引き継いだ形で、2010年3月、
『改革のための青写真（A Blueprint for Reform: Reauthorization of the Elementary and
Secondary Education Act)』を公表し、第1次オバマ政権の教育政策を明らかにした。
　連邦政府の基本的教育政策は人種間、階層間の学力格差の解消を図ることを
通して、学力の向上を目指したものである。憲法第10条の規定により各州政
府が教育の権限を有してきていたアメリカで、1964年の公民権法（Civil Rights
Act）受けて、1965年4月、"人種間、階層間の学力格差"の解消を目指すとい
う名目の下に、ESEAが成立し、連邦政府の教育への"介入"に道が開かれた。
象徴的なことであるが、この法によって連邦政府に教育省（U.S. Department of
Education）が設置された。おりしも、その前年、第1回国際学力調査（TIMSS)
の結果が公表され、アメリカの中学1年生の数学の学力は参加12か国中10位
であった、と公表され、アメリカもまた学力をめぐる国際的競争に参加し、
1983年、アメリカ教育に警鐘を鳴らすことになった連邦報告書『危機に立つ
国家（Nation at Risk)』が公にされている。
　ブッシュ政権は、このESEAのうち、"社会的、文化的に抑圧されているマイ

ノリティや低所得層の子どもたち"の教育に関する第1条項を改正する形で、NCLB法を制定した。ちなみに、この法の正式名称は「An Act to Close the Achievement Gap with Accountability, Flexibility, and Choice, so that No Child Left Behind」であり、州政府に対して柔軟さと選択性を与えながらも、学力格差の解消を目指して教育活動に関して厳しい説明責任（Accountability）という概念を持ち込んだ。すなわち、「連邦補助金の使用に関しては、各州、学区に大きく裁量権限を委譲する」としながらも、「すべての子どもの学力の向上に対して、州、学区、学校にアカウンタビリティを強く求める」とし、「アカウンタビリティの低い、つまり成果をあげない学校に通っている子どもとその親により多くの選択肢を与える」と規定した。各州に対して、読解と数学に特化したテストとはいえ、第3～8学年のすべての子どもに毎年テストを課し、州基準の達成目標に基づいたアカウンタビリティ・システムを構築するよう求めた。

オバマ政権の初期の『青写真』に示された教育政策は、前政権の策定したNCLB法をより強化しようとしたといえるものであった。そもそも、NCLB法は、2001年5月に下院では賛成384対反対45で、6月に上院では賛成91対反対8で、超党派の賛成を経て成立しているという経緯があった。また、人種間・階層間の学力格差の解消を目指し、貧困家庭（人種的には黒人やヒスパニックといわれる人々）の子どもの学力（読解と数学）の向上を目指した法律であり、オバマ政権がこれを継承し、強化しようとしたことは自然であったといえる。

この『青写真』は、高等教育機関に入学しても、なお一定の「補充学習」が必要な学生が4割にも及ぶ現状を指摘し、学力向上への努力を強調し、すべての子どもが高等学校の卒業時点で、「大学教育と卒業して就く職業に対して、準備ができている（College-and Career-Ready）」レベルに達することを目指すものとした。そのために、クリントン政権の下で始まった読解と数学に焦点を当てた「基準に基づく改革（Standard-Based Reform）」を推進し、州政府により厳格な学力の基準作りを求め、そのことによって、より厳しく、公正な説明責任体制を構築することを求めた。標準学力テストの成果は「人種、性、民族、障害の程度、英語学習が必要な程度、保護者の収入」別に示されるべきである、とした。

さらに、学力テストの結果が芳しくない学校に対して、4つのモデルからな

る「改善計画」が示され、3〜5年以内に改善がみられない学校は閉校されるという"罰則規定"ともいえる規定が設けられた。第1モデルは校長の更迭と教師教育の強化と教育課程の見直し、第2は校長の更迭と半数の教師の入れ替えと教育課程の見直し、第3はいったん学校を閉校し、新しい体制のもとで学校を開く、第4は閉校である。明らかに、オバマ政権は教育における「中央集権化」を強化したといってよい。後に述べる「ティーチ・ツー・テスト状況」や「テスト結果改ざん事件」は、すでにブッシュ政権の時代に顕著になり、行われたことであったことであるにもかかわらず、オバマ政権の初期の教育施策を示したこの『青写真』に、こうしたNCLB法の問題点への配慮が全くなかったと言える。

2 『頂点を目指す競争』策は「中央集権化」の流れを強化する政策であった

　上述したようにNCLB法は2002年ブッシュ政権の下で成立し、2013年度に改正されることになっていたが、改正されたのは2015年12月に成立した法律は『全ての児童・生徒が成功するための法律（Every Student Succeeds Act）』であるが、その施行は2017年9月よりであり、したがって、オバマ政権の教育政策はNCLB法の「枠内で」推進されたといってよい。その中核的な政策は2011年4月に始まった『頂点を目指す競争（Race to The Top）』に従った政策であり、それは、州スタンダード（Common Core State Standard）をベースにした、州政府に対する競争的資金支援策であった。

　2007年に始まる「リーマンショック」の影響は深刻で、世界的な経済不況が起った。オバマ政権は、政権成立早々の2009年2月、景気刺激策として、『アメリカ復興・再投資法（American Recovery and Reinvestment Act）』を成立させた。この法律によって、2009年から10年間に、連邦政府は見積もりで8,310億ドルを支出することになった。この法律は、税制優遇処置を含みつつ、健康管理、教育、労働者支援、社会基盤投資、住宅、科学研究という広範囲の分野への支出を行うものであった。この約8,000億ドルの景気刺激策の効果すなわち雇用の維持と創出については毎年いろいろな報告書が出されている。「教育」分野には、1,000億ドル（約10兆円）が割り当てられた。

教育分野に割り当てられたこの資金は、上院案によれば、各州の教育支援金の減額の補填（550億ドル）、特別教育とNCLB法関係事業（250億ドル）、大学生への返済不要奨学金（140億ドル）、ヘッド・スタート（20億ドル）に当てられることになった。

オバマ政権は、20011年4月、この『アメリカ復興・再投資法』の「特別教育とNCLB法関係事業（250億ドル）」を活用して、『頂点を目指す競争』プロジェクトを開始した。教育長官アーン・ダンカン（Arne Duncan）は、シカゴ教育長時代、NCLB法の下で学力向上に貢献したといわれる人物である。

この競争的資金を獲得する選考基準は学校管理者・教職員教育計画（138点）、州教育局の関与（125点）、評価基準作り（70点）、一般選考基準（55点）、成果の上がらない学校への改善計画（50点）及び指導法支援のためのデータ・システム（47点）、計500点とされ、19の州教育局が連邦政府から資金を獲得した。（5州が応募していない。）第1回目の選考で、デラウエア（1億ドル）とテネシー（5億ドル）が選ばれ、第2回の選考で、ニューヨーク、フロリダ（各7億ドル）、ジョージア、N・キャロライナ、オハイオ（各4億ドル）のほか、5州が資金を獲得し、第3回の選考で、さらに7州が獲得した。これらの州が選ばれた過程については物議を醸しだした。

3 「ティーチ・ツー・テスト」、「テスト結果の改ざん事件」、「オプト・アウト」を受けて、責務遂行免除（Waiver）制が導入された

2011年の報告書『全米学力調査（National Assessment of Educational Progress, the Nation's Report Card）』によると、このようなNCLB法や『頂点を目指す競争』プロジェクトに基づく読解（Reading）と数学（Mathematics）に特化した学力格差の解消を通して学力の向上を図る政策は一定の成果を上げたといえる。約4%抽出の全国学力テストの結果であるが、この報告書をみると、たとえば、人種別の数学の結果は最も学力レベルの低い「Below Basic（基準以下）」に属する子どもの割合は減少し、「Proficient（習熟）」と「Advanced（習熟以上）」の割合は増加していると報告されている。他方、貧困家庭（給食費補助を受けている家庭）の子どもたちのテスト結果も向上しているといわれている。2015年の報告書によると、1990年に比べて、小・中学校の生徒（4年生・8年生）の「読

解と数学」の学力は向上しており、また、白人生徒と非白人生徒（アフリカ系・ヒスパニック系生徒）の学力格差は減少しつつあると報告されている。

　付け加えておけば、一般市民は「スタンダード化された学力テスト」で子どもたちの学力をとらえることに賛成しかねている。『ファイ・デルタ・カッパン（Phi Delta Kappan）』誌は、1969年以来毎年、公立学校に関する一般市民の意見調査（"ギャラップ調査"）の結果を掲載してきている。2017年の調査（PDK Poll 2017）項目の一つで「スタンダード化」された学力テストに対する意見を聞いているが、標準学力テストは「信頼できる」と考えている人は58%で、「子どもに必要な教育を測定していない」と考える人が49%である。また、課外活動、音楽・美術、AP（Advanced Placement）プログラムなどの学習活動のことも考慮すべきである、といわれている。結論的に次のようなコメントが加えられている。「過去20年間、政治家は標準学力テストに躍起になってきたが、一般市民は、各州政府の最新の『アカウンタビリティ（説明責任）』提案は不明確で、特に長期にわたる低学力達成校に対する介入は不明確である。何億ドルと資金を積み込んできたが、ほとんどの"介入"は不十分か非効率である、と考えている。」

　『全米学力調査』が示しているこのような成果にも関わらず、読解と数学についての評価基準の「スタンダード化」による「説明責任」体制への不信は大きく、連邦政府と州政府（人民）の間に"ひずみ"と名付けてもよい相克を生み出してきた。

　1つの"ひずみ"は学校が「ティーチ・ツー・テスト（Teach to Tests）」といわれる体制に追い込まれていったことである。当然、州教育局や学区はこうした状況に対応しなければならなくなった。たとえば、ニューヨーク州の場合（2010年5月）、教師評価は60%が授業観察、40%が学力テスト（「コモン・コア・スタンダード」による州統一テストと各地教育委員会で行われる地域学力テスト）の結果を勘案して行われるものとし、学力テストの結果の比率を低下させている。

　学校現場の「ティーチ・ツー・テスト」体制の延長上に生じたと考えられるが、2010年にジョージア州アトランタ市での学力テストでの「テスト結果改ざん」事件が発覚し、大きな注目を浴びた。しかも、学力テストの優れた成果

により、アトランタ学区教育長は「2009年度最優秀教育長賞」を受賞していたのである。改ざんには、44校、178人の教師が関与したといわれ、教育長以下34人が告訴された。2017年、9人に有罪という判決が出された。また、ジョージア州以外の州、ニューヨーク、メリーランド、テキサス、バージニア、ワシントン、マサチューセッツ州でも、同様の改ざん事件が生じている。

　もう1つ"ひずみ"は、2002年1月に制定されたNCLB法が「すべての子ども」が2014年までに「習熟（Proficient）」レベルの学力を身に付けることを目標とするものと規定し、規制の強化が図られたことから生じた。この「すべての子ども」という規定は、教育委員会や学校・教師にとって、達成不可能なものであり、特に、「学習障害児」の取り扱いが大きな課題であった。ちなみに、2015年の報告書『全米学力調査』によると、読解で「習熟」レベル以上の生徒は4年生で36%、8年生で34%であり、数学では4年生40%、8年生33%である。2012年7月、連邦政府はNCLB法の定める目標が達成できない州に対して、責務遂行免除（Waiver）を認めることとした。ただし、特に学力の低い5%の学校と学力差の大きい10%学校に対する説明責任を確立することを条件とした。ちなみに、ニューヨーク州は責務遂行免除が認められている。

　このことと深くかかわることとして、「オプト・アウト（Opt-out）」といわれる保護者による学力テストのボイコット運動も活発になり、2014年度では、全米で65万人の生徒が学力テストをボイコットしている、といわれる。特に、ニューヨーク州では、州の学力テストを受けることになっていた第3学年から第8学年の110万人の内、およそ5分の1に当たる約20万人がテストをボイコットしている。この数は前年度「オプト・アウト」した子供の数の4倍になる。

4 『全ての児童・生徒が成功するための法律』は中央集権化策の転換を意味するものになるか

　連邦政府の「中央集権化」策は、2015年12月に成立した『全ての児童・生徒が成功するための法律（ESSA: Every Student Succeeds Act）』によって、「スタンダード化」による連邦政府の州政府の教育への介入という一つの時代に終止符を打つことになるようにみえる。この法律は、下院では賛成359対反対64で、上院では賛成85対反対12（反対はすべて共和党）で、両院を通過し、2017年7

月から施行されているはずである。すなわち、この法は、学校教育に関する連邦政府の関与を縮小し、読解と数学に特化した「スタンダード化された基準に基づく改革」とそれに基づく厳格な「説明責任」という在り方を各州政府に委ねることになった。

　オバマ大統領はこの法律にサインをするに当たって、次のようにいう。「私に多大な影響を与えてくれた偉大な教師たちのこと思い出すとき、私を標準学力テストに準備させてくれたのではなく、自分を信じること、この世界に好奇心を持つこと、自分の可能性を信じて自分自身の学びをすることを教えてくれたのです」と。「過剰なテスト体制が人生で最も重要なことを学ぶ機会を奪っているのではないかと心配する保護者たちの話を聞いた。また、自分のために、かつ、生徒たちのためにも、テストを目指して指導しなればならないと過剰な圧力を感じている教師たちの話を聞いた。私はこうした状況を改善したい」と。

　他方、NCLB法の制定に実質的に関わったD.ラヴィッチは転向し、読解と数学に特化した「基準に基づく改革」とそれに基づく厳格な「説明責任」を鋭く非難した。非難の要点は「企業再生（Corporate Reform）」モデルによる教育改革は学校での教育活動を崩壊に導くものである、というものである。ラヴィッチの転向は、アメリカのカリキュラム史における基本的対立の図式の上に見事に位置づけられる当然の帰結でもある。それは、連府政府の教育政策を根底から支えてきている「科学的カリキュラム（Scientific Curriculum）」と「行動目標測定評価（Behavioral Objective Assessment）」流れから、一人ひとりの子どもの成長を支持する「経験的カリキュラム（Experience Curriculum）」と「ポートフォリオ評価（Portfolio Evaluation）」へ、と転換を促したものになる可能性を秘めている。この図式は、そのまま、連府政府の教育政策と州政府・学区の相克の根底にあるものといってよい。

5　州政府・学区は"特色ある学校"作りを強力に推進してきている

　繰り返しを恐れないでいえば、教育目標の設定と評価基準の「スタンダード化」を図ることによって中央集権化を志向してきている連邦政府の教育政策とそのもたらすものに過剰に傾斜した関心の在り方は、アメリカ教育を研究する

者としては"一方的"であるといわざるを得ない。なぜなら、憲法修正第10条は教育の地方分権制を保障していて、州政府や学区の教育改革の動きも活発であるからである。以上みてきたように連邦政府の中央集権化政策にみられる相克が"直接的な、のっぴきならない"ものであるのに対して、地方分権制の下で行われる州政府や学区の教育改革における連邦政府と州政府・学区との相克は、"間接的な、もつれあった"ものといってよいものである。

当然、州政府や学区は地域住民の教育的ニーズに直接対応せざるを得ない。たとえば、都市部の学区（人民）は人種差別に根差す動きに敏感にかつ直接的に関わらざるを得ない状況にある。学校教育を通して人種の統合を図る具体策な教育政策は、州教育局や学区が実践的な観点から策定し、実行していかねばならない。連邦政府が介入する余地は大きくない。むしろ、その時々に行われる住民投票の結果や地方裁判所の判決が大きな影響力を持っているといえる。典型的には、昨年（2016年）行われたバイリンガル教育をめぐるカリフォルニア州の住民投票である。

「教育改革センター（Center for Education Reform）」は州政府レベルでの教育改革の進捗状況を次の4つの観点から毎年報告している。①学校選択（School Choice）、②チャーター・スクール（Charter School）、③オンライン学習（Online Learning）、④教師の質（Teacher Quality）、⑤情報公開（Transparency）である。すなわち、これら5つの観点について、各州政府レベルでの教育改革の進捗状況を評価し、公表しているのである。2016年度の進捗状況をみると、5観点を総合した結果、インディアナ州、アリゾナ州、フロリダ州、コロンビア直轄区、ネバダ州などの順で教育改革がより早く進んでいるという。学校選択はマグネット・スクール（Magnet School）と考えてよいのであるが、マグネット・スクールとチャーター・スクールが州政府や学区での教育改革をとらえる第1、2の観点であることがわかる。

2015年度の報告書によれば、連邦教育局に属する「国立教育統計センター（National Center of Education Statistics）」は学校（K-12）を公立学校（2014度、98,176校、50,010,000人）、私立学校（2009年度、35,857校、5,488,490人）およびホーム・スクーリング（2012年度、51,657人）の3種類の教育形態に分けて各種の教育統計を示している。

さらに、公立学校のタイプを①「通常（Regular）」、②「特殊教育（Special Education)」、③「職業（Vocational）」および④「オルタナティブ（Alternative）」の4つに分けて、教育統計を示している。2014年度であるが、①89,183校（生徒数48,800,105人）、②2,010校（213,077人）、③1,380校（148,451人）、④5,698校（548,344人）である。

　地域住民の教育的ニーズに対応した「特色ある学校」という観点から注目すべきは「オルタナティブ・スクール（選択可能な代替学校）」の存在であるが、それを次のように定義している。「通常の学校では充足できないニーズを持った生徒に向かって行われる非伝統的な教育（Nontraditional Education）を提供し、通常の学校を補完するものとして機能を果たしている学校か、あるいは、通常の学校、特別教育、職業に入らない教育を行っている学校」、オルタナティブという英語は「二者択一の、代替の、非形式的な、型にはまらない」という意味である。

　この非伝統的な教育は、1960年代にイギリスで戦後実践されてきた「インフォーマル教育（Informal Education）」がアメリカにもたらされ、一挙に広まった「オープン教育（Open Education）」に始まったといってよい。特に、バーモント州、ニューヨーク州、カリフォルニア州、ノース・ダコタ州では、州教育局（State Department of Public Instruction/Education）が先導し、多くの学区（Board of Education, School District）に広まった。インフォーマルという英語は「形式にこだわらない」といってもよいのであるが、明らかに、「非伝統的」という意味である。それに対して、オープンという英語は、「開かれた」という意味で、非伝統的なものを目指しているといってよい。具体的には、「壁のない学校、学校の中の学校、多文化学校、自由進度学校、学習センター学校」などと呼ばれ、学習者中心教育が行われた。すなわち、今日みられる非伝統的な教育を行うオルタナティブ・スクールの源泉はオープン教育にあるといえる。

　非伝統的な教育を行っているオルタナティブ・スクールの校数と生徒数の1990度年から2014年度の推移をみると、1990年度は1,151校・134,730人で、2000年度は4,815校・491,738人と、この10年間でほぼ4倍に増大し、その後、校数と生徒数名は着実に増加し、さらに10年後の2010年度は、6,197校、563,449人である。よく2011年度が1つのピークで、以後、やや減少傾向にあり、

48 特　集　NCLB法からコモンコアへ、その後の展開

2014年度は上記の数値である。オルタナティブ・スクールは、2014年度では全校数では5.8%、全生徒数では1.1%を占めていることになる。

6 「マグネット・スクール」による学校の多様化と学校選択制が展開している

　「国立教育統計センター」は、2015年度『教育統計』表216-20で、非伝統的な教育（Nontraditional Education）を行っているオルタナティブ・スクールとは別に、マグネット・スクール（Magnet School）とチャーター・スクール（Charter School）の欄を設けて、それらの学校数と生徒数を示している。その意味するところは重要で、全米で、州政府と学区が住民の教育的ニーズに対応した新しい学校を作り、発展させつつあることを認めていることである。すなわち、連邦政府ではなく、州政府と学区がイニシアティブを取った学校ができていることを意味している。オルタナティブ・スクールは「非伝統的な教育」を行っている学校という意味で、かなり幅広い範疇の学校を含む。「非伝統的な教育」というとき、主にカリキュラムや指導法が伝統的でないと指摘されるが、保護者との関わり方や評価の方法も従来とは違う。したがって、マグネット・スクールとチャーター・スクールと大きく重なっているにちがいない。しかし、一部のマグネット・スクールとチャーター・スクールは「伝統的な教育」を行っている、とも考えられる。

　マグネット・スクールとは、学区が管轄する公立学校のうちにあって、親と子どもたちが選択することのできる多様な“特色ある”学校である。従来、公立学校は一定の居住区の子どもたちが学ぶ地域学校（コミュニティ・スクール/ネイバーフット・スクール）であるが、今日、特に都市部にあって、マグネット・スクールを中核とした学校選択制（School Choice）が行われている。

　マグネット・スクールであるが、それは人種統合を目指して行われた主に都市部での「バッシング（Busing）」政策に対する「ホワイト・フライト（White Flight）」現象の解消を目指す動きの中で、偶発的ともいっていいが、なかば自主的、自発的に形成されてきた人種統合を目指した“特色ある学校”である。いうまでもなく、学校に特色があるからこそ、選択制が意味を持つのである。最初、テキサス州ダラス市で試みられ、学区教育委員会は白人の子どもたち一

部とマイノリティの子どもたちが一緒に学ぶ学校の創設に成功した。学区は、"マグネット"のように白人の子どもたちを引きつけるよう魅力あるカリキュラムと指導法を用意し、学区あるいは学区という境界をも超えて選択できるように仕組まれた公立学校である。当然、そうしたカリキュラムと指導法はマイノリティの子どもたちにとっても"マグネット"のように作用した。はじめは、アカデミック（Academic）や職業科目にやがて、特技を伸ばす科目にも力点を置いたカリキュラムとそれに見合う指導法を持った学校になった。続いて、キャンザス市、リッチモンド市の学区で成功し、1980年代に入ると、連邦からはESEAを適用した補助金（マグネット・スクール支援プログラム:1998年度、1校当たり約30万ドル）が支出され、またいくつかの州では州からも補助金が出されるようになり、定着してきている。

　2002年の「国立教育統計センター」の調査では、マグネット・スクールは45州にあり、最も多い州はカリフォルニア州で456校あり、州全体の生徒の9%を占めている。イリノイ州が次に多く420校で、州全体の生徒の15%を占めている。2015年の「国立教育統計センター」の報告書によれば、2014年度では、マグネット・スクールは3,285校、生徒数519,065人である。

7　設置主体が「有志の教育団体」である「チャーター・スクール」は増大してきている

　1992年、ミネソタ州議会は超党派で『チャーター・スクール条例（Minnesota Statues 124E）』を成立させた。この法によって、州の独自の教育政策としてのチャーター・スクール制度が確立したのである。連邦政府からの支持や支援を期待したものではなく、まさに、教育分野における州政府の権限の下で作られた新しい公立学校制度といってよい。

　確かに、1997年2月、クリントン大統領は連邦議会での「一般教書」演説の中で、チャーター・スクール制度への賛成意見を述べ、2000年までに3,000校にしたいと支持を表明している。チャーター・スクール制度はミネソタ州に始まり、カリフォルニア州、ウィスコンシン州、アリゾナ州などに急速に広がり、今日では、ほんの一部の州を除いて全米に定着している州政府主導の従来にはない「公設（立）民営学校」である。

従来、公立学校の設置主体は地方自治体である。それに対して、チャーター・スクールは設置主体が有志の親や教師グループ、ときに教育産業に関わる営利団体である。公立学校の設置主体を地方自治体以外に認めたことは、公立学校制度にとって革命的な変化といってよい。雑誌『TIME』は1994年 "New Hope for Pubic School: In a Grass-roots Revolt Parents and Teachers Are Seizing Control of Education" (10月31日号) と題して、特集を組んでいる。

この新しいチャーター・スクール制度は学校を開設したいとするグループが主に州教育委員会や指定された大学と「チャーター（契約）」を結んで運営する新しい形態の学校である。憲法修正第10条で認められているように、教育は「州（the States）次に、人民（the people）」に属すると考えられてきていて、従来、公立学校の設置主体は公選された教育委員からなる「学区教育委員会（Board of Education）」である。しかし、親や教師グループは「人民」そのものであることに疑いがない。設置主体となる有志の教育団体は主に州教育局や指定された大学と契約（チャーター）を結ぶことができれば、子ども一人当たりにかかる公立学校とほぼ同じ経費を受け取り、学校を運営することができる。経費の使い方、カリキュラム、指導法などはそれぞれのチャーター・スクールに任される。ただし、3年から5年ごとに契約更新が必要で、契約更新に際して、「アカウンタビリティ（説明責任）」が求められていて、州標準テストでの子どもたちの学習成績が重要な更新条件となっている。

2015年の「国立教育統計センター」の報告書は、マグネット・スクールと同様に、チャーター・スクールを別枠で示している。それによると、チャーター・スクールの校数と生徒数の2000度年から2014年度の推移をみると、2000年度は1,993校・448,343人で、2010年度は5,274校・1,787,091人と、この10年間でほぼ2.5倍になっている。さらに、2014年度は6,747校・2,519,065人と、4年間に1,500校近く増加し、生徒数も80万人近く増加している、2014年度では、チャーター・スクールの校数は全米の学校の6.9%、生徒数は5.1%を占めている。ちなみに、2014年現在で、チャーター・スクールが多くみられるのは7州で、アリゾナ州は19%、コロラド州11%、ユタ州、ルイジアナ州とミシガン州10%、カリフォルニア州とフロリダ州9%である。ほとんどの州教育局と学区はチャーター・スクールの数に上限を設けていて、ほぼ8%としている。

設置主体が地方自治体ではなく、有志の教育団体や教育産業に関わる営利団体であるチャーター・スクールの増大は公立学校の姿を大きく変えるものとなる可能性がある。すなわち、教職員構成、学校管理、カリキュラム、指導法、評価など、一般の公立学校にみられない在り方が登場しつつあるといってよい。全米で第2の規模を誇るロスアンジェルス市のチャーター・スクールは2000年には7校に過ぎなかったが、2014年現在、10ほどの教育集団に属する85校が存在する。「カリフォルニア州チャーター・スクール協会」は、2016年現在、チャーター・スクールの数は1,254校（内、34校が営利団体によって運営されている）で、在籍者は581,100人（内、25,000人が営利団体が経営する学校の子ども）であるが、2022年までに2倍にし、100万人にする運動を開始している。先に述べた「HDK Poll 2017調査」では、一般市民の64%がチャーター・スクールに賛成している、といわれる。

おわりに

1964年に始まった国際学力調査（TIMSS）は読解、数学と理科に特化した「国際学力オリンピック」の開始であった。この国際学力オリンピックは4年ごとに行われてきている。そこに、2000年、もう一つの国際学力調査（PISA）が加わった。この国際学力オリンピックは3年ごとに開催されることになった。すなわち、参加国はゲームの結果に頻回にさらされることになった。特に、そこでの順位は参加各国に大きな影響力をもたらしてきている。アメリカはこれらのオリンピックにあって上位にあったことはなく、常に、"中位あたり"という位置に甘んじてきている。1983年の連邦報告書『危機に立つ国家』ほど、アメリカの"苛立ち"を表しているものはない。2002年に学力格差解消を標榜したNCLB法が成立し、2011年には『頂点を目指す競争』策が実行され、より強力な学力向上策が行われてきた。そこでは、上でみてきたように、教育目標の設定と評価基準の「スタンダード化」による「アカウンタビィティ（説明責任）」が強く求められてきた。1965年のESEAがそうであったように、NCLB法もESSAもまた超党派で成立していて、連邦政府の教育への介入策は国民的支持を得て行われてきたものである。しかし、他方で、この連邦政府の「中央

集権化」策は州政府と学区との間に険しい相克を生み出してきた。2002年から今日まで約20年間にわたる「読解と数学」に特化とした学力向上策は州政府・学区、さらに、学校に「管理強化」体制をもたらした。2017年9月から施行されことになっているESSAは、従来からの手法の変更を余儀なくされているといってよい。あるいは、教育における「地方分権」制度に回帰すべきことを示唆している、ともいえる。

　このように連邦政府による「中央集権化」の影響を受けながらも、憲法修正第10条によって教育は州政府と人民の権限とされているアメリカでは、多くの学区で多様なかつ固有な教育活動が展開されている。「非伝統的な教育」を行うオルタナティブ・スクールはその代表的な例である。すなわち、オルタナティブ・スクールは一般的な公立学校にはない特色あるカリキュラム提供し、それに見合う指導法を採用して教育活動を行っている学校である。マグネット・スクールは「ホワイト・フライト」を防ぎつつ、人種統合を目指して作られてきた主に都市部の学区の努力の成果であるが、その多くはオルタナティブ・スクールであり、それぞれの学校が主にカリキュラムや指導法に特色を持つがゆえに、学校選択が可能になっているのである。他方、チャーター・スクールは設置主体が地方自治体（学区教育委員会）ではなく、「有志の教育団体」であり、従来の公立学校では考えられない設置主体が管理・運営する新しい形の公立学校である。ここでも、その多くがオルタナティブ・スクールであり、学校選択対象学校であり、より斬新的なカリキュラムと指導法が採用されている。「チャーター（契約）」の有効期間は3〜5年で、子どもたちが一定の学力を習得していれば、契約を更新することができる。更新が認められないチャーター・スクールもあるが、その多くは財政や経営に問題があるケースである。にも関わらず、近年、チャーター・スクールは急速に増加してきている。教育における「地方分権」を旨とするアメリカにあって、教育目標の設定と評価基準の「スタンダード化」を図ることによって中央集権化を志向してきている連邦政府の教育政策はもしかして一過性のものかもしれない。それぞれの州政府や学区での創造的な教育活動こそアメリカ教育の本来の姿であるにちがいない。

参考文献

松尾知明『アメリカの現代教育改革』東信堂、2010年。

北野秋男ら編著『アメリカ教育改革の最前線—頂点への競争—』学術出版会、2012年。

新谷竜太郎「Race to the Topの影響と課題—ノースカロライナ州の事例から—」アメリカ教育史研究会（2014年1月12日-13日、コープイン京都）。

ダイアン・ラヴィッチ（末藤美津子訳）『アメリカ 間違いがまかり通っている時代—公立学校の企業型改革への批判と解決法』東信堂、2015年。

末藤美津子「ニューヨーク市の教員評価制度—テスト政策とのかかわりから—」アメリカ教育学会第28回大会（2016年10月22日、埼玉大学）。

鵜浦裕『チャーター・スクール：アメリカ公教育における独立運動』勁草書房、2001年。

鵜浦裕「エジソン・チャーター・アカデミー—株式会社によるチャーター・スクール経営」アメリカ教育学会紀要、第15号、2004.11。

藤原尚美「チャータースクールに見る『学力』問題—説明責任と目指す学力のはざまで』アメリカ教育学会紀要、第16号、2005.9。

佐々木司『カリフォルニア州学校選択制度研究』風間書房、2007年。

成松美枝『米国都市学区における学校選択制の発展と限界—ウィスコンシン州ミルウォーキー市学区を事例に—』渓水社、2010年。

赤星晋作『アメリカの学校—教育思潮・制度・教師』学文社、2017年。なお、HDK（ファイ・デルタ・カッパン）による「教育に関する世論調査」(2017年）の結果について詳しい記述がある。

Peter Sacks, *Standardized Minds: The High Price of American's Testing Culture and What We Can Do to Change It*, Perseus Publishing, 1999.

Dale D. Johnson & Bonne Johnson, *High Stakes: Poverty, Testing, and Failure in American Schools,* Rowman & Littlefeild Publishing, 2006.

Alfie Kohn, *The Case of Standardized Testing: Raising the Scores, Ruining the Schools*, Heinemann, 2006.

Scott F. Abernathy, *No Child Left Behind and the Public Schools: Why NCLB Will Fail to Close the Achievement Gap and What Can Do about It,* The University of Michigan Press, 2010.

William H. Jeynes, *School Choice: A Balanced Approach*, Praeger 2014.

The Nation's Report Card: Mathematics 2011 National Assessment of Educational Progress at Grades 4 and 8," November, 2011.

National Center for Educational Statistics "Digest of Educational Statistics 2015, 51st. Edition," US Department of Education, December 2016.

National Assessment of Educational Progress, "The Nation's Report Card: results of the 2015 reading (mathematics) at grade 4 and 8," 2016.

論 文

ジョセフ・リーにおける「よい市民」形成の論理
Joseph Lee's Thoughts on How to Make Good Citizens

宮本 健市郎
Kenichiro MIYAMOTO

はじめに
1　建設的慈善の思想
　　(1)　アメリカ人の共通理念
　　(2)　移民の排除
　　(3)　家庭と企業
2　リーの発達観──本能の解放
　　(1)　子どもの成長段階
　　(2)　闘争本能とチーム精神
　　(3)　帰属本能と道徳
3　「よい市民」形成の論理──家庭・学校・国家への忠誠心
　　(1)　本能解放の場としての家族──アメリカ的精神の源
　　(2)　チーム・ゲーム──忠誠心と市民性
　　(3)　国家への忠誠と服従──民主主義社会における市民性
おわりに──アメリカ的精神としての市民性

はじめに

　2017年1月にアメリカ大統領に就任したトランプ氏は、移民排除の政策をとり、世界に混乱を引き起こしている。だが、アメリカで移民を排除する政策がとられたのは今回が初めてではない。アメリカでは19世紀末から20世紀初頭にかけて移民排斥運動が強まった。その結果、1924年の移民制限法によって新移民の流入はほぼ不可能となり、その政策はその後約40年続いた。

みやもと けんいちろう　関西学院大学

興味深いのは、移民制限運動が盛り上がったこの時期に、人種の多様化が進み、「よい市民」やアメリカ国民の形成（アメリカ化）が教育の課題として急浮上したことである。まさにこの時代に、「アメリカ国民」が創られたとみることもできる[1]。学校教育のなかに、社会科、公民科、あるいはコミュニティ・シヴィックスなどの新しい科目が出現したことは、その証左といってよいであろう。また、現代につながるシティズンシップ教育の起源のひとつをこの時期に求めることも可能だろう[2]。

では、「よい市民」とは何であろうか。本稿は、移民制限運動の中心人物のひとりであったジョセフ・リー（Joseph Lee, 1862-1937）の思想を分析することで、「よい市民」がどのように想定されていたかを解明することを目的とする。リーは、19世紀末から、ボストンで遊び場設置運動を進め、1906年にアメリカ遊び場協会（PAA）[3]が結成されたときに副会長に就任、1910年からは会長として、27年間にわたって全国のリクリエーション運動を主導し、「遊び場運動の父」として知られている[4]。

具体的には、二つの課題を設定する。ひとつは、ジョセフ・リーの活動が、遊び場運動から市民性教育へと展開した思想的根拠を解明することである。もうひとつは、ジョセフ・リーが形成しようとした「よい市民」の内容を解明することである。

1 建設的慈善の思想

ジョセフ・リーは1862年にボストンの裕福な実業家の家に生まれ、ハーバード大学で政治学と哲学を学び、1888年に同ロースクールで法律学の学位を取得した。1890年ころから、非行少年の実態調査、子どものための遊び場の設置、子どもの健康問題の改善などに積極的に取り組み、1897年にマサチューセッツ公民連盟（以下、MCL）を設立し、20世紀初頭には慈善家として活躍していた。まず、彼の考えた慈善の意味を確認しよう。

(1) アメリカ人の共通理念

ジョセフ・リーの慈善の思想は、1902年に出版した『建設的および予防的

慈善』からその骨子を読み取ることができる[5]。リーは同書第1章で建設的慈善の概念を説明している。それによると、慈善には予防的なものと建設的なものがある。予防的慈善は、法令などによって、邪悪な心を直接に抑圧したり、人間の道徳や身体に悪い影響を与えるものを取り除いたりすることを指す。これに対して、建設的慈善は、「具体的で明確な成果を挙げるように勇気づけ、促進することによって、精神生活を開発すること」[6]（傍点筆者）が目標であった。

　建設的慈善が精神の開発でなければならないというのは、彼のそれまでの慈善の実践のなかから導かれていた。少年非行の対策と犯罪の防止に積極的に取り組んでいたMCLは1904年に町村改善運動会議を設置したが、そのねらいは、「市民としての精神」[7]の形成であった。MCLが資金集めのために作成したパンフレットには、「MCLがしていることは、州全体にみなぎる道徳的な目的を、具体的な法律にしていくことである」[8]というリーの言葉が掲載されていた。これらは、建設的慈善のねらいが、個人の「精神」の改善であったことを示している。

　リーは、同書の第2章で南北戦争前のアメリカの状況を例に挙げ、建設的慈善はアメリカの伝統として定着していたという。その典型的なものとして公共図書館とライシウム運動を挙げている。スウェーデンのオペラ歌手ジェニー・リンドがアメリカで開催したコンサートの収益を地元の図書館のために寄付し、慈善活動をしたこと、熱心なフランス人がボストン公立図書館に寄付金を出したことなどを紹介したうえで、実は、ほとんどの場合は、地元の人たちが自分たちで力を合わせて公共図書館の設置と維持に当たってきたことに着目する。しかも、裕福な人たちだけがお金を出すのではなく、貧しい教師や牧師が数ドルずつを出し合うことも少なくなかった。各地で起こった公共図書館設置運動を受け継いだのが、1820年代の初期に始まり、1850年頃に全盛期を迎えたライシウム運動であった。

　リーは、アメリカ人がこのような自発的な慈善事業によって、アメリカ人としての国民性が形成されたと考えた。「公共図書館は、たぶん慈善事業がアメリカ人の生活にもたらした最も価値ある貢献として、現在も続いている。……公共図書館がはたす重要な機能は、大金持ちも農民の娘も共有できる国民的な

58 論　文

願いを表現する手段を民衆に提供することによって、…… その願いを具体的な統治の理念へと発展させていくことである。……（そうすることで公共図書館は――筆者）理想的な慈善、すなわち、金持ちが貧しい人のために働くのではなく、市民が市民のために働く制度」に近づく[9]。これらの運動は、アメリカ人としての「共通の国家的理念を表現したもの」であり[10]、まさにこの時期に「アメリカに住む人々が、他国とは違うアメリカ国民としての特徴をもつひとつの国民であると自覚した」とリーはいう[11]。リーにとって、建設的慈善は、アメリカ人がアメリカ国民としての精神を形成する手段であった。

(2) 移民の排除

　リーはアメリカ国民が南北戦争前につくり上げた建設的慈善を称揚したが、同時に、それが危機に晒されているという現代の問題を提起した。リーはその危機をもたらした元凶は、19世紀末に大量にアメリカに流入した新移民であるとみた。アメリカは、「他国で抑圧されていた人々を大量に受け入れたが、かれらは、強力で慈善的な社会制度を事実上は持ちえない人々である」[12]という。そのため、19世紀にアメリカ人がつくり上げた建設的慈善の習慣が崩壊の危機にあるとリーは感じていた[13]。

　この危機に対して、リーは移民を制限する運動を積極的に推進した。彼は、1894年にハーバード大学の卒業生が中心となって移民制限連盟を結成したときから、主要メンバーとして活動していた。結成時にはリーは欧州にいたが、結成に際して資金協力をしただけでなく、帰国後の1895年に連盟の理事に就任し、財務担当として、自ら相当の資金提供を続け、その後も長く移民制限運動を主導した[14]。連盟憲章の第2条によれば、連盟の目的は「移民をもっと厳しく法律で制限し、取り締まることを支援し、そのために働くこと、移民についての資料やチラシを発行したり、集会を開催したりすること、市民としては望ましくなく、また国民の性格に害を与える要素はさらに厳しく排除することが必要であるという公衆の意見を喚起することである。本連盟は、市民になるのにふさわしい性格や基準をもっている労働者やその他の移民の排除を支援することは目指していない」(傍点筆者)[15]ということだった。この条文から、よい市民になれそうな移民なら受け入れてもよいが、よい市民になる見込みのない

移民は排除しようとする姿勢を読み取ることができる。

　リーは、1906年に全国慈善矯正協会に提出した報告書のなかで、移民がアメリカにもたらす危険性を、「アメリカの制度は、人民の不変の性格をそのままに反映する。もしも人民の半分が中国人、あるいは半分が南欧州人、あるいは半分がアルプス人かアイルランド人になったとすると、私たちの政治も学校も、すべてのアメリカの制度は、その変化を反映したものになることは避けられない」[16]と指摘した。リーは、新しく流入した移民が生まれつきもっている性格と素質が、アメリカ人の性格を変えてしまうことを深く憂慮していたのである。

　移民制限連盟がとくに力を入れたのは、望ましくない移民の流入を防ぐための識字テストの実施を立法化することであった。リーによると、識字テスト法は、「貧困者、犯罪者、無政府主義者、あるいは知的障害者」を排除することができるので、アメリカの労働者の生活や賃金水準を守るうえで効果がある[17]。また、「遅れていて、民主主義にとっては都合の悪い要素である旧世界の人々を排除する」[18]こともできると主張した。1917年2月に成立した識字テスト移民制限法は、識字テストによってアメリカ社会に適応できない移民を排除することによって、アメリカ社会の現状を維持しようとするものであった[19]。

　リーが提起した建設的慈善はアメリカ的精神を形成することをねらいとしていたが、それは同時に、アメリカ人としてふさわしくない移民を排除する根拠にもなったのである。

(3) 家庭と企業

　建設的慈善としてリーが目指したのは、個人の精神の形成であった。リーは、貧困者に対する援助として、金品を与えることはよくないとする。援助の対象者は、自助の精神をもっている人でなければならず、貧困者は公的救済の窓口をよく知るようになるべきではなかった[20]。例えば、路上に物乞いがいた場合でも、施しをするのは意味がない。市民がすべきことは、売られている商品に毒物が入らないように法律をつくったり、学校での医学検査の実施を推進したりすることである[21]。個人を直接に救済することは、怠け者を増やすことになるから、できるだけ控えることが肝要であった。慈善として個人を救済するこ

とは精神の形成にはならないという。

　建設的慈善の手段として、リーが重視したのは家庭と企業であった。『建設的慈善と予防的慈善』の前半の大部分は、家庭生活の改善に当てられていた。同書をみると、第1章と第2章は建的設慈善の概念と歴史、第3章から7章までは家庭生活の改善提案であった。第3章では、預金の仕組みや、貸付の活用法を詳しく説明し、倹約と貯金の習慣をつくる必要を説く。第4章では、家庭生活の健康と安全を維持するための法整備が進みつつあることを紹介している。例えば、州健康局の設置、健康条例、建築条例などである。第5章は、モデル住宅の実例や、その建築にあたった会社を紹介する。第6章は、それぞれの家庭や地域の住環境を改善するために、住宅会社が地域に学校や教会やリクリエーション施設などを提供している例を挙げ、企業の役割の重要性を説いている。それによって「雇用者と労働者が、よい市民性という共通の地点に立つ」[22]という。建設的慈善の主体は家庭と企業であった。

　以上を要約すれば、リーのいう建設的慈善の特徴として、つぎの三点を指摘することができる。第一に、それは、アメリカ的精神を形成するために、精神を開発することであった。第二に、個人の救済は主眼ではなく、移民の排除を目指していたこと。第三に、精神を開発する主体が家庭と企業であったということである。

2　リーの発達観——本能の解放

　リーが1915年に発表した『教育における遊び』は、彼の思想の全体像を示す重要な著作である。この書のねらいは、遊びについての実践的な方法を導こうとするものではなく、「子どもの本当の姿を描き出す」[23]ことであった。主としてこれによって、建設的慈善の思想の根拠となったリーの子ども観を確かめてみよう。

(1) 子どもの成長段階
『教育における遊び』は、5部で構成されている。

　　序章

第1部　遊びは成長

第2部　幼児期（1歳から3歳）

第3部　演劇期（3歳から6歳）

第4部　大インディアン期（6歳から11歳）

第5部　忠誠心の時期（11歳から14歳）

エピローグ

　以上の構成は、フレーベルの『人間の教育』を思い起こさせる。用語法は同じではないが、子どもの発達段階における大インディアン期まではフレーベルの段階説に従ったと述べている[24]。

　しかし、フレーベルとは二つの点で大きく異なっている。第一は、フレーベルのいう神性を本能で置き換えていることである。児童研究の父G.スタンレー・ホールの反復説の影響は明白であり、それによって、神性に頼らずに、子どもの成長を根拠づけた。第二は、フレーベルが主として幼児期に焦点を当てていたのに対して、リーは青年期に焦点を当てていたことである。青年期について詳細に論じている第5部は本書の最重要箇所であり、そこで、リーは、児童研究の科学性を根拠としながら、独自の発達観に基づいて、子どもが忠誠心を獲得して成人になるまでを解説した。この書によって、彼の子ども観と発達観をみていこう。

(2) 闘争本能とチーム精神

　リーはしばしば本能について論じた。リーの定義によれば、本能とは「ある特別の種類の意識的な行為、または特別の目的を達成しようとする生まれつきの傾向」である[25]。本能には、遊びの本能のほか、闘争本能、帰属本能、リズム本能、逃走追跡本能、創造本能、母親本能などがある。リーは、だれもが生まれつきもっているこれらの本能を十分に発揮させることを教育のねらいとしていた[26]。

　これらの本能のなかで、リーの「よい市民」の概念を知るうえで重要なのは、闘争本能と帰属本能である。まず、闘争本能についてみてみよう。リーは、アメリカ遊び場リクリエーション協会の会長に就任して間もないころの演説をもとに、「文明への解毒剤としての遊び」という論文を発表している。それによ

ると、若者が喧嘩をしたり、法を犯したりするのは自然なことである。ところが、社会が文明化したために、若者は遊ぶ機会や競争や喧嘩の機会をなくしており、そのために本能の解放ができなくなっている[27]。本能の解放のために必要なのは戦争や決闘であるが、それらを行うのは現実的ではない。そこで、競争がそれらの代替として重要な意味をもつ。「他人を打ち負かすという要素を維持することによって、私たちは競争の精神のはけ口を用意したり、誰もが自分の人生を自力で切り開き、他人の指図は受けたくないという希望をもったりする」[28]という。

　このような競争は「ギャング精神」の発露であるが、大インディアン期にはゲームという具体的な形をとる。それらは、最初はいろいろな形をとりながら、徐々に現れるが、次第にひとつのゲームに集約されていく。ひとつに集約されるのは、子どもがもつ模倣本能のせいでもあるが、それ以上に闘争本能によるところが大きい。リーの説明を借りれば、大インディアン期の子どもは、もはやドラゴンや奇妙なモンスターをやっつける騎士に興味はもたない。「子どもは他のだれも参加していないゲームで優れた成果を挙げようとはしない。彼の魂は、誰もが参加しているゲームのなかで勝利を上げること、あるいは自分自身の立場を獲得することによってのみ、満足が得られる」[29]。こうして闘争本能は、ゲームのなかで保障される。

　リーの想定するゲームはひとりひとりの戦いではなく、チーム・ゲームである。「私達は根本から、組織の一員である。ゲームは、それがチーム・ゲームにならない限り、根本的なところに到達したとは言えない。人間は、社会全体のなかのひとりの構成員として自分の役割を果たさない限り、その人の人生は本物ではない」[30]とリーはいう。ひとりひとりに内在する闘争本能は、社会の一員であることの自覚と直結していた。

(3) 帰属本能と道徳

　闘争本能は帰属本能と強いつながりをもっていた。大インディアン期に闘争本能が帰属本能へと発展することを、リーは次のように説明する。「10代の典型的な少年（あるいは少なくとも青年という身体的な年齢に到達した少年）のなかでは、ギャングまたはチーム衝動が支配的であり、浸透している」[31]ので、個

人別の闘争心は集団への献身、すなわち帰属本能に発展する。

　大インディアン期の闘争本能と帰属本能は、大人になってから従事する仕事にも当てはまる。仕事の本当の価値は、食料などを得ることにあるのではなく、人間の本能、すなわち闘争本能を満足させるところにあった。「仕事を自分のものにするということ、言い換えると、自分が金で雇われているのではなくて主体的に参加しているということ」[32]、こうすることによって、闘争本能は集団全体への帰属と献身へと発展するという。

　さらに、リーは、帰属本能を道徳と結びつけた。大インディアン期の子どもがギャング活動をするのはよくあることだが、「少年は帰属本能の保護のもとにある」から、「ギャング活動は個人のうえに基準を課す。……ギャング本能が放縦に向かうことはなく、自己修養と服従に向かう」[33]。したがって、「ギャングが設定した基準が、……個々の構成員の事情に与える影響は、若者に適用される最も強力な道徳的な効力をもっている」[34]という。

　忠誠心の時期を過ぎると、帰属本能は一層明確に道徳の意味を強くもつようになる。リーは14歳を過ぎた時期を徒弟期と呼んでいるが、その時期に「帰属本能の新しい支配」が始まる[35]。徒弟は、つねにチーム精神（帰属本能）の表現である仕事につく。つまり、社会の一員として、自分の専門的な役割を引き受ける。「仕事は帰属本能を十分に発揮させる。……仕事が人類を救うのは、帰属するということが偉大な道徳化の本能であるからだ」[36]という。ひとりひとりが自分の持ち場、仕事場あるいは工場に帰属意識をもつことが、道徳であった。

　このような子どもの成長段階をたどると、ジョセフ・リーが構想した「よい市民」が何かはおよそ見えてくる。「よい市民」とは、本能が解放されたときに自然に現れてくるもので、自らが帰属している社会に忠誠を誓う道徳的な人間ということになる。

3　「よい市民」形成の論理——家庭・学校・国家への忠誠心

　では、遊びの本能が、忠誠心へ、さらに道徳へと発展していき、「よい市民」につながっていくそのプロセスをもう少し詳しくみていこう。

(1) 本能解放の場としての家族——アメリカ的精神の源

　リーは、子どもの成長における家族の重要性を強調した。家族は父と母と子を中心とした最小の社会的単位であり、その強いつながりによって、子どもの生命は維持される。「家族でとる食事は、宗教的な儀式であり、最も神聖なもののひとつ」である。食事を通して家族はつながりをつくり、子どもは家族の構成員としての自覚をもつ。だから、子どもに食事を提供することは家族がすべきことであって、学校がすべきことではない。「家族は人間よりも古く、人間を作ったのは家族である。… 民族や個人を作ったものとして、私たちが受け継いできたもののなかに、家族がある」[37]とリーはいう。家庭は、子どもが本能に従って、生き、遊ぶための場所として重要な意味をもっていた。

　家族は、もっと大きな形の社会をつくり上げる基礎であった。「それは国家の最初の形であり、すべての民族を生み出す親でもあり、さらに、すべての民族を構成するひとつの細胞」[38]であった。ところが、現代の家庭は子どもが本能を発揮する場所、すなわち遊びの場所になっておらず、それこそが現代文明の危機であった。そこで、子どもの本能を発揮させるための遊びを家庭に取り入れる必要があった。例えば、歌や、ゲームや、手作業、音楽、ダンス、さらに、子どもの誕生日パーティーなどである。「よい市民」は、家庭でこのような経験をすることで形成されるとリーは考えた[39]。『建設的慈善と予防的慈善』のなかで、リーが取り上げたテーマは、貯蓄とローン、住宅建築基準、モデル住宅、住宅会社の役割などであった。「よい市民」になるには、アメリカ的生活様式を受け入れることと、そのための経済的基礎が必要であった[40]。

　しかしながら、20世紀初頭のアメリカで、このような環境を確保できた家庭は、上流および中産階級に限定されていた。現実には、当時の移民や貧しい労働者などの大多数は、恵まれた家族環境にあるとはいえず、「よい市民」を形成する機会をもちえないことは明らかであった。家族の重要性を強調することは、同時に、アメリカ的な家庭をもちえない人々を排除する根拠にもなったのである。

(2) チーム・ゲーム——忠誠心と市民性

　リーは、1910年にPAAの会長に就任すると、リクリエーションを通して市

民性を形成する教育を強調するようになった。リーは、PAA憲章の改訂を主導して、PAAの目的が遊び場の設置ではなくて、「遊びとリクリエーションの促進」であることを宣言した[41]。そして、協会の理念を示すものとして「建設的綱領」[42]を公表した。そのなかで、「よい市民性は、遊びのなかで協力の習慣をつくることで、促進される。……健全で幸福な遊びの生活をしている人は、有能かつ忠誠心をもった市民である」（下線部の原文はイタリック体、傍点は筆者）と明記した。「建設的綱領」は、リーがよく使っていた「建設的慈善」の具体化であり、忠誠心をもった「よい市民」を育成することがPAAの目標になったことがわかる。

　子どもは忠誠心の時期（11歳から14歳）に、集団で行うゲームに参加することを通して市民性を学習する。集団ゲームに参加することで、子どもは仲間に共通する目標を自覚し、チームに貢献することで、市民性を獲得していく[43]。公立学校で実施されるチーム・ゲームは、市民性を形成するために、とくに有効な場であった。チームを愛する心情が、学校を愛する心情へと拡大するからである。学校を代表するチームがお互いに戦ったとき、「表彰状はチームに与えられるのではなく（もちろんひとりひとりの選手にでもなく）、学校に与えられる。それによって、指導者も教師も、チームへの愛情を、学校への愛情へと拡大させる方法を学習する」[44]。そのとき、生徒の帰属意識は、小さなチームに対するものではなく、学校というもっと大きな組織に向かい、愛校心となる。

　大人になってから地域で実施されるスポーツやリクリエーションは、チーム・ゲームの発展であり、市民性を学ぶ機会である。リーが、青年や大人向けのリクリエーションに熱心に取り組むようになったのは、大人が市民性を学ぶ機会として、その有効性を認めていたからである。大人が取り組む政治は、チーム・ゲームの延長であり、スポーツであった[45]。「政治は、成熟した人間にとっては、もっとも自然な形のスポーツである。……リクリエーション制度があれば、ソーシャル・センターは市民性形成の場となるのである。なぜなら、市民性はゲームの不可欠の一部だからである」[46]。リーの関心は、もはや子どもや青年に限定されていない。子どもの遊びであれ、一般成人向けのリクリエーションであれ、チーム・ゲームへの参加と帰属が、市民性の形成につながるとみていたのである。

市民性は忠誠心だけでなく服従の思想も含んでいた。「市民性は、そのひとが喜んで命を捧げるような理念に同化することを課題としている」[47]とリーは表現する。青年はゲームに参加すると、チームのなかでの自分の役割を認識し、自分のなかに組み込まれている能力を生かして、チームに貢献しようとする。市民性は、個性を棄てて、チームのために尽くすことで示される。「チーム・ゲームを通してこそ、いっそう大きな人格という観点からものを考え、感じる能力が、私たちの血や骨に定着する。この能力が、愛国者、すなわち忠誠心をもった社会人を作り出す」[48]という。市民性とは、集団の理念を受け入れ、集団に忠誠を誓うこと、集団の理念に命を捧げることであった。いうまでもなく、その理念とはアメリカ的精神であった。個性は否定されなければならなかった。

(3) 国家への忠誠と服従——民主主義社会における市民性

リーは、1907年に子どもの遊びの重要性を訴えた演説のなかで、「子どもが育っていく初期に、国家に先立って、市民感覚を育てる源となるものは二つある。家族と民主主義社会である」[49]（傍点筆者）と述べている。この演説は、集団相互の競争や協力のなかで愛校心や忠誠心が育つことを強調したものであったが、家族や民主主義社会は、市民感覚を形成する前段階であり、最終的には国家こそが市民感覚を形成する、とリーが考えていたことを示している。

忠誠心が愛国心にまでつながるのは必然であったが、リーは、愛国者こそが、普遍的な市民性をもてると主張した。「愛国心が強いと、幅広い市民性を持とうとする人の存在を否定することになるとは思わない。むしろ、逆で、愛国心の強さこそが（市民性をもつための——筆者）前提条件なのだ。世界の本当の市民となるのは、祖国を持たない人ではない。真実はその逆であると信ずる。すなわち、もっともよい市民をつくるのは、家族のなかにいるよい父親である。もっともよい愛国者は自分の住む町に対して忠誠心をもっている人である。そして、普遍的な市民性を獲得する能力をもっているのは、熱烈な愛国者だけである」[50]という。愛国者であることは、よい市民であるための前提条件であった。リーは、身近な家族への忠誠心と、町への忠誠心と、国家への忠誠心（愛国心）を、すべて連続したものとして捉えた。

リーにおいては、アメリカ人であることの自覚と愛国心は、矛盾なく併存し

ていた。リーは、アメリカ遊び場リクリエーション協会会長としての演説のなかで、愛国心について次のように話した。「愛国心とは、実際には、帰属である。愛国心とは、あなたを包み込んでいる国に<u>なる</u>ということである。…『私はアメリカに帰属している』というより、『私はアメリカ人である』ということである。アメリカは、私の肉体のなかの肉体であり、骨のなかの骨であり、私自身のあらゆる部分を作っている」[51]（下線部の原文はイタリック体）。アメリカ人であることと、愛国心をもつこととは完全に一体化していた。

　だが、リーが信奉していた「忠誠心の哲学」は、彼が称えた民主主義の思想と両立が可能であったのだろうか。この点を検討しなければならないが、本稿では取り上げる準備ができていない。ただ、リーが民主主義を産業民主主義として捉えていたことは、指摘しておきたい。リーは、すべての人が生活できるようにすることが、民主主義の課題であるという。そのうえで、「現在までに民主主義が達成した成果は、政治的なものである。その本質は、圧政からの解放ではなく、法律や政府の改善でもなく、政治的な機構を共有することによって、チーム意識を表現できるようになったことにある。次のステップは、産業民主主義を確立することでチーム意識をいっそう表現することである」[52]という。産業民主主義は、第一次世界大戦のころよく使われた言葉であり、工場労働者が、集団として工場のために勤勉に働くことを意味していた[53]。リーが民主主義として重視したのは、工場の生産能率を上げるための、労働者のチーム意識であった。圧政からの解放や法律・政府の改善は、リーの念頭にはなかった。しかも、忠誠心は国家に対するものだけでなく、企業にも向かっていた。

おわりに——アメリカ的精神としての市民性

　ジョセフ・リーの思想の根底にあったのは、人間の本能の解放であった。彼が取り組んだ活動は、子ども救済、遊び場運動、リクリエーション運動と多岐にわたっていたが、これらすべてが、人間の本能、とくに闘争本能と帰属本能の解放を目指したものであった。本能は19世紀末の児童研究のなかで頻繁に取り上げられたテーマであり、彼もその影響下にあった。

　リーの特徴は、児童研究が子どもの身体の発達を重視していたのに対して、

精神の開発をいっそう重視したことであった。リーは、遊び場運動に深く関与していたが、次第にそれをリクリエーション運動へと転換した。その過程で、彼は人間の精神の開発に力点を移動させ、道徳と市民性の形成に関心を集中するようになった。そして、その対象は、子どもから、青年、成人へと広がっていた。

リーは、人間が闘争本能と帰属本能を十分に発揮したとき、「よい市民」が自然に現れると考えた。少年期に闘争を経験することで仲間意識ができ、学校や地域への帰属意識が形成され、国家への帰属意識につながっていく。国家への帰属意識をもち、国家に忠誠を誓う人が「よい市民」になる。「忠誠心の時期」が子どもの成長段階の最後であることは、子どもの成長は、「忠誠心」へと方向づけられていたことを意味している。忠誠心への教育こそが市民性教育であった。

最後に、このようなリーの思想が孕んでいた問題を二点、指摘しておこう。第一は、リーの提起したアメリカ的精神としての「市民性」が排除の思想を伴っていたことである。排除は、二つの面で現れた。ひとつは移民排斥であった。移民がアメリカに持ち込んでいる性格や素質が、アメリカ人がこれまでにつくり上げてきたアメリカ的精神を、その本質から変更するという強い懸念をもっていたのである。もうひとつは、アメリカ国内にいる人々が、アメリカ的精神を基準として、区別されるということであった。リー自身には、この点についての自覚はほとんどない。だが、リーが推進したリクリエーション運動は、裕福な中産階級を対象にしていたことを忘れてはならない。

第二は、リーが擁護したアメリカ的精神としての民主主義が、市民に対して、忠誠心と服従を求めたことである。第一次世界大戦に際して、リーは、闘争本能と帰属本能を根拠として、アメリカの民主主義を擁護するという旗印を掲げ、青少年を積極的に戦争に駆り立てた。忠誠心と服従は、民主主義社会の理念とどのような関係にあるのだろうか。アメリカの民主主義の理念そのものの問い直しが必要である。それは、現代のわれわれが直面している課題でもある。

注

1 松本悠子『創られるアメリカ国民と「他者」:「アメリカ化」時代のシティズンシップ』(東京大学出版会、2007年);中野耕太郎『20世紀アメリカ国民秩序の形成』(名古屋大学出版会、2015年)。

2 上野正道『民主主義の教育:学びのシニシズムを超えて』(東京大学出版会、2013年)。

3 PAAは、1911年にアメリカ遊び場リクレーション協会(PRAA)に、1930年に全米リクリエーション協会(NRA)に名称を変更した。

4 Charles E. Hartsoe ed. *Building Better Communities: The Story of the National Recreation Association (1906-1965)*, (Champaign, IL.: Sagamore Publishing, L.L.C., 2006), p.6.

5 Joseph Lee, *Constructive and Preventive Philanthropy* (New York: The Macmillan Co.,1902)

6 Ibid., p.2.

7 Lee, "Public Spirit in Town and Village," *General Federation Bulletin*, Vol. I, No.2 (Dec. 1903), pp.35-36; E. Cummings, J. Lee and E. T. Hartman, "Massachusetts Civic League: Its Work and Object," *General Federation Bulletin,* Vol. II, No.2 (Nov. 1904), pp.37-39.

8 Massachusetts Civic League, fund-raising brochure, 1928, in Harvard University, Harvard Art Museums.

9 Lee, *Constructive and Preventive Philanthropy*, p.17.

10 Ibid., p.234.

11 Ibid., p.233.

12 Ibid., p.235.

13 Ibid., p.8.

14 Allen V. H. Sapora, "The Contributions of Joseph Lee to the Modern Recreation Movement and Related Social Movements in the United States," Ph. D. diss., University of Michigan, 1952, pp.135-142. 連盟は1924年に移民割当法が成立したことで目的を達成したのちに解散した。ところが、リーは、1929年に中南米移民の監視などを目的としてボストン移民制限連盟を新たに結成して、その代表を務めた。

15 "Constitution of the Immigration Restriction League," in Joseph Lee Papers, Carton 1 (1905ca), in Massachusetts Historical Society.

16 Lee, "Immigration," *The Proceedings of the National Conference of Charities and Correction,* Vol. 33 (1906), pp.283-284.

17 Lee, "The Literacy Test," *The Survey*, Vol. XXV (March 11, 1911), p.985.

18 Lee, "Democracy and the Illiteracy Test," *The Survey*, Vol. XXIX (Jan.18, 1913), p.498

19 識字テストについては、中野耕太郎、前掲書、pp.77-82。

20 Lee, *Public Relief and how the Private Citizen Can Help, Massachusetts Civic League Leaflets* No.6 (1905), pp.3-6.

21 Lee, "Legislative Work of the Massachusetts Civic League," *General Federation Bulletin,*

70 論 文

Vol. III, No.1 (Jan., 1906), pp.201-202.

22 Lee, *Constructive and Preventive Philanthropy*, p.106.

23 Lee, *Play in Education* (New York: The Macmillan Co., 1915), p.vii.

24 Ibid., p. xii.

25 Ibid., p. xiii.

26 Ibid., Chapters 25 and 26.

27 Lee, "Play as an Antidote to Civilization," *The Playground,* Vol.V, No.4 (July, 1911), pp.110-126.

28 Ibid., pp.121-122.

29 Lee, *Play in Education*, pp.197-199.

30 Lee, "Play as an Antidote to Civilization," p.122.

31 Lee, "The Boy Who Goes to Work," *Educational Review*, Vol.38 (Nov., 1909), p.327. （ ）内は原文どおり。

32 Lee, "Play the Life-Saver," *The Playground*, Vol. III, No.12 (March, 1915), pp.418-419.

33 Lee, "The Boy Who Goes to Work," pp.328-329.

34 Lee, *Play in Education*, p.371.

35 Ibid., p.427.

36 Ibid., p.429.

37 Lee, "The Integrity of the Family a Vital Issue," *Educational Briefs,* No.29 (January, 1910), pp.27-28.

38 Lee, "The Integrity of the Family," p.28.

39 Lee, "Play for Home," *The Playground,* Vol. VI, No.5 (Aug, 1912), pp.146-158.

40 松本悠子『創られるアメリカ国民と「他者」』特に第四章参照。

41 Lee, "Suggestion for a Constitution for a Playground Association," *The Playground*, Vol.3, No.9 (Feb., 1910), p.11.

42 "A Constructive Creed," *The Playground*, Vol. 4, No.3 (June, 1910), p.73.

43 Lee, "Play as a School of the Citizen," *Charities and the Commons*, Vol. 18 (August 3, 1907), pp.16-21.

44 Lee, "The Playground as a Part of the Public School," *Proceedings of the National Conference of Charities and Correction at the 31st Annual Session*, June 1904, p.470. （ ）内は原文どおり。

45 Lee, "The Boy Who Goes to Work," p.340.

46 Lee, "Looking Ahead Five Years," *The Playground*, Vol. IX, No.1 (April, 1915), p.12.

47 Lee, "Athletics and Patriotism," *The Outlook*, Vol. 112 (March 1, 1916), p.529.

48 Lee, *Play in Education*, p.346.

49 Lee, "Play as a School of the Citizen," p.17.

50 Lee, "Assimilation and Nationality," *Charities and the Commons*, Vol. 19 (Jan., 1908), pp.1453-54.

51 Lee, "Football in the War," *The Playground*, Vol. X, No. 9 (Dec. 1916), pp.322-323.
52 Lee, "Play the Life-saver," *The Playground*, Vol. VIII, No.12 (March, 1915), p.421.
53 中野耕太郎　前掲書、第5章産業民主主義の夢　参照。

＊本稿は2013-2015年度科研費基盤研究(C)『アメリカ新教育の市民性教育における「よい市民」育成の思想と実践に関する史的研究』(代表：佐藤隆之、2016年3月) による研究成果の一部である。

Joseph Lee's Thoughts on How to Make Good Citizens

Abstract

Joseph Lee (1862-1937) is known as the "Father of the Playground Movement." He began his work in Boston, giving children in congested areas playgrounds and recreation facilities, and promoted the enactment of the Massachusetts Playground Law of 1908. He became president of the Playground Association of America (PAA) in 1906, and led the playground and recreation movement until his death in 1937. During his presidency of the PAA, which became the Playground and Recreation Association in 1911, and the National Recreation Association in 1930, Lee advocated the idea of making good citizens through recreation, and, over time, citizenship education became one of his main objectives.

This paper has two purposes: (1) to illuminate the ideological background of Lee's thoughts on how to make good citizens; and (2) to clarify the meaning of "good citizenship" promoted by Lee.

In the late nineteenth century, Lee considered constructive philanthropy a unique American tradition that should be protected from new immigrants. By constructive philanthropy he meant the development of the spiritual life by facilitating its expression in definite achievement, or in the American way of life. New immigrants, who were unfamiliar with the American way of life, must be restricted judicially, since there was no hope of their becoming good citizens.

Recreation was essential for constructive philanthropy. According to Lee, human beings have natural instincts including spiritual elements, which, when they are fully developed through recreation, would lead to morality and good citizenship. Lee's emphasis on human instinct and recreation derived from the theory of recapitulation advocated by G. Stanley Hall, though Hall emphasized the physical aspect.

The meaning of good citizenship, Lee asserted, is closely related to the belonging and fighting instincts. The belonging instinct begins in the home, which is the oldest, most fundamental place where a child can play and learn human relations. It is the first form of the state, the parent of all nations, and the single cell of which all nations are composed. Eventually, Lee associated the belonging instinct with patriotism and loyalty to the State, as well as with morality and good citizenship.

The fighting instinct is so deeply ingrained in the human race that it ought to be encouraged, not repressed. A child in his early years is self-assertive, individualistic, and competitive; but as he grows older, he participates in team sports and learns to fight for his team, his school, and his country. Through the experience of participating in games, he transforms the fighting instinct into a belonging instinct, or morality and good citizenship.

論 文

1920年代のウィネトカ・プランにおける教師の意識変容
——科学的カリキュラム開発運動の実態

Teachers' Professional Development in the Winnetka Plan, 1920s:
A Case Study on the Scientific Curriculum-Making Movement

宮野　尚
Hisashi MIYANO

はじめに
1　カリキュラムに対する問題関心の生成
　　(1)　ウォッシュバーンの関心
　　(2)　ウォッシュバーンの着任と教師たちの反応
　　(3)　学年会議を通した問題関心の共有
2　コモン・エッセンシャルズ開発を通した主体意識の形成
　　(1)　セミナーの組織とカリキュラム原理の探究
　　(2)「社会科学の内容調査」にみる教師のコモン・エッセンシャルズ理解
　　(3)　カリキュラム開発主体としての意識
おわりに

はじめに

　「社会効率主義（Social Efficiency）」は、19世紀末から20世紀にかけて生起したアメリカ進歩主義教育運動（Progressive Education）を構成していた系譜の一つに数えられている[1]。従来、その思想や理論が「官僚的」ないし「行政的」性格を有し、カリキュラム研究の科学化と専門化を促した結果として、カリキュラムの開発主体が「教師から教育行政官と専門的研究者に移行した」と指摘されてきた[2]。しかしながら、「社会効率主義」が実践の担い手である教師たちに与えた影響についてはほとんど検討されていないため[3]、そうした先行研究の見解はあくまでも推測の域を出ておらず、実態は不明である。

みやの　ひさし　東京学芸大学大学院生、日本学術振興会特別研究員

このような課題に取り組むために、1920年代以降「「社会効率主義」の運動として発生」したとされる「科学的カリキュラム開発運動（scientific curriculum-making）」[4]に着目する。それは、州や市などをあげて学校教育のカリキュラム開発を推進する動きであり、1920年代では都市部、1930年代では地方に広まっていったといわれている。本稿では、同運動の中でも、「社会効率主義」との親和性が指摘されてきたウィネトカ・プラン（The Winnetka Plan）の取り組みを検討したい[5]。

　従来、1922年に始動したデンヴァー・プログラム（The Denver Program）が科学的カリキュラム開発運動の嚆矢として認識されてきたが[6]、ウィネトカの公立学校ではすでに1920年からそれに着手している。そのことから、同運動の先駆的事例として位置づけられる。さらに、前者はデンヴァーの教育長ニューロン（Jesse Newlon）の立案と主導の下で進められていたと指摘されているが[7]、一方で後者は、後述するようにウィネトカの教育長ウォッシュバーン（Carleton W. Washburne）が企図をもって環境整備を行いつつも、教師たちが「自発的に (voluntarily)」取り組んだものであった[8]。それは、教師が自らの教育活動に限界や課題を見出し、協働で解決に向かう「問題解決」そのものであり、そこからは彼らの「学び」の様相を読み取ることができるだろう。

　しかしながら、従来、1920年代の同プランにおける科学的なカリキュラム開発のプロセスは十分に検討されてこなかった。たとえば、宮本健市郎は、1920年代以降継続的に行われた「教育研究が、事実上、教員研修の機能ももっていたことも見逃すことができない」と指摘しながらも、その過程で教師がどのような専門性を身に着けていたのかについては明らかにしていていない[9]。

　そこで、以下では、ウィネトカ公立学校の教師たちがカリキュラム研究に着手した経緯と、その開発プロセスを検討することで、彼らにどのような内的変化が生じていたのかを解明していく。その際には、ウォッシュバーンの著作に依拠しながらも、これまで十分に活用されてこなかった同校の教師たち自身が作成した教材および教師用ガイドブックや、現地への史料調査により入手した「教育長レポート（Superintendent's Report）」、とりわけ、その中で報告されている教師に対するアンケート調査の記録などを史料として用いる。

76 論文

1　カリキュラムに対する問題関心の生成

（1）ウォッシュバーンの関心

　ウォッシュバーンはウィネトカの教育長に着任する以前、サンフランシスコ州立師範学校の教官職に就いていた。そこで、1914年から1918年までの間、彼が学長バーク（Frederic L. Burk）の指導の下で個別教授（individual instruction）理論を学んでいたことは、後の実践に多大な影響を及ぼすことになる[10]。当時、ウォッシュバーンは一斉教授に代わる教授法の開発を目下の課題としていたが、一方で「学校の教師たちが莫大な使えない知識を子どもたちに強要し、苦悩させてきたのは事実である。たとえば、正確な戦争の日付や、国境、死語などである」[11]と学校教育の現状を批判しており、教授内容の改革にも関心を寄せていた。実際に、彼はカリフォルニア大学において理科カリキュラムに関わる研究を進め、またサンフランシスコ州立師範学校では「莫大な使えない知識」に代わる一般的に必要とされる知やそれを反映させた教材を模索していたが、それは、バークの影響を受けてのことであったという[12]。

　あまり知られていないが、バークは教授理論を構築するだけでなく、早くからカリキュラムに関心を抱き、サンフランシスコ州立師範学校の同僚とともに小学校の地理（Geography）、歴史（History）、文法（Grammar）や発音法（Phonics）などのコース・オブ・スタディーの編成に積極的に取り組んでいた[13]。ウォッシュバーンは、このような環境で研究を進める中でバークから得た示唆を次のように回顧している。

　　私の知る限り、バークは、<u>一定の文化社会の中で生活している人々が、理想や思想、情報を交換していくために、何らかの方法によっていつかは学ばなければならない共有知（common knowledge）がある</u>という、全ての公立学校において暗黙的に了解されていた原理を25年前にはじめて明言した人物である。（下線は引用者）[14]

　すなわち、それは実社会における共同（common）的な生を支え、人と人との相互的な関係を媒介している「共有知」を顕現させようとする試みであったといえる。しかしながら、この時点ではほとんど発想の段階であり、その具体化方法について研究がなされていたとは考えにくい。ウォッシュバーンは、こ

うしたバークの知識観と教授理論を継承し、ウィネトカ・プランを構想していくことになる。

(2) ウォッシュバーンの着任と教師たちの反応

　ウィネトカ公立学校の抜本的教育改革を志向する教育委員会の要望もあり、ウォッシュバーンは1919年5月に教育長に着任してすぐに「ロックステップ制度（lock-step schooling）」の解体に着手している。それは、同じ教授内容を同じ時間に全ての子どもに一斉に伝達し、さらに、年度末に規準を満たしている場合にのみ進級できるというもので、学習内容が十分に習得されず、それ故に落第者が後を絶たなかったという。それに代わり、彼が教師たちに提案した個別学習法は、学年により学習範囲を固定していたそれまでの一般的な教科書に代わり、独自に開発した個別教材や補習教材を活用することで、学習者に進度の自由を許すものであった。

　1919年夏季の子どもを対象としたサマー・スクールでは、ウォッシュバーンの指導を受けながら、教師たちが任意で個別学習法を実験的に導入している。その後、同年9月からわずか1年の間に彼らが「期待を遥かに上回る成果をあげ」、2〜3年のうちに全ての学年・学級において「ロックステップ制度」を廃止できると展望が示されていることから[15]、多くの教師が改革の必要性を認めていたと考えられる。実際に、ウォッシュバーンが1920年6月に同校の教師全員を対象に実施した「個別学習法についてのアンケート調査」の結果によれば、それまでの一斉教授（class method）とは異なり、子ども一人一人をケアすべき存在として扱う点において、「全ての教師がその方法に概ね賛同」[16]していたという。その時に、教師はウォッシュバーンに寄せたコメントの中で、次のように自身の変化について語っている。

　　私はこのまま気がつかなければ、子どもの推論力（reasoning power）ではなく、記憶力（memory）のみを発達させ続けていくことになったと思う。子どもは、一人の社会的存在として、またひとりの市民として、自動機械（automatic machine）以上の存在なのである。ドリル学習（drill work）、算数（Arithmetic）、綴方（Spelling）、読方（Reading）、書方（Writing）において、それ［＝個別学習法］は優れている。（以下、下線および［　］内は引用者）[17]

78 論 文

　教師は、所与のコース・オブ・スタディーの忠実な伝達者として教職を認識
し、それを効率的に子どもに記憶させていく役割を受け入れてきたといえる。
ウォッシュバーンの着任を契機として、教師たちの中にそうした従来の教職観
への疑念が生じたものの、それはまだ一斉教授方式から子どもの自己学習方式
への転換という方法的な次元である。とりわけ教科書や個別教材については、
ウォッシュバーンがバークの許可を得て一次的にサンフランシスコ州立師範学校
から借りてきたものを活用しており、それらの自校作成が課題となっていた[18]。

（3）学年会議を通した問題関心の共有

　ウォッシュバーンは、個別学習法の導入に伴い、そうした教科書や教材など
を開発する場として、1919年から隔週に一度の学年会議（grade-level meetings）
を設けている。彼が、学年会議において教師と議論を交わす中で「全ての教師
（faculty）と親しくなり、また彼らが抱えている問題についてよく知ることがで
きた」と回顧していることから[19]、意識的にその時々の課題を共有していたと
思われる。議論の際に、彼はバークから学んだ「ソクラテス式発問（Socratic
questions）」の手法を用いることで、教師の課題を明瞭にし、その解決を思考す
るように仕向けていたという。とりわけ、彼が「学年会議において、私たちは
カリキュラムや基準（curriculum and standards）に関する課題と向き合った。教師
はこの一年間を通して子どもに何を身につけさせたいのか、それを達成するの
がどれくらい大変なのか、各教科の中で最低限必要な要素は何か、過去一年間
で実際にどのくらいの子どもがそれを達成できたのか」[20]と回顧していること
から、カリキュラムに関する課題を主題として取りあげていたと推察される。

　教師たちは、かねてより従来のカリキュラム内容を問題視していたウォッ
シュバーンとの議論や教材開発を通して刺激を受け、「自分たちの問題に焦点
を当てて科学的研究を行う必要性を感じるようになった」[21]という。この「自
分たちの問題」とは、それまで無条件に受け入れてきたコース・オブ・スタ
ディーに対する疑問であり、教師たちは思いつきや憶測（guess-work）ではなく、
教育学・心理学の知見をいかしながら自ら研究活動に取り組み、カリキュラム
を再考していく必要性を実感していたのである。たとえば、彼らは社会科学の
カリキュラム内容について次のように自問している。

歴史と地理に関するいかなる事実を子どもたちに教えるべきかについて、どうしたら私たちは知ることができるのか。子どもたちは、都市問題を解決するためにいかなる訓練を受けるべきなのか。明らかに、私たちは［子どもたちに］全ての事実を教えることや、全ての問題［解決］のための訓練をしてあげることはできないのである。そうした時に、私たちはいったい何に基づいて社会科学コースの材料を選択すべきなのか。[22]

　彼らの課題は、所定の教科書や教材に対する違和感を抱き改革意識をもちながらも、自らカリキュラムに関する選択・判断をくだしていくための軸がないことにあった。そうした葛藤の中で、彼らは一時的に社会科学の内容の変更を試みつつ、カリキュラム原理を探究していくことになる。

2　コモン・エッセンシャルズ開発を通した主体意識の形成

（1）セミナーの組織とカリキュラム原理の探究

　まず、彼らはカリキュラム内容についての改革を進めるために、1920年9月に自主的に研究セミナーを組織している。当初は予算がほとんどつかずボランティアであったにも関わらず、1920年代前半にはウォッシュバーンと校長の他に、20人以上もの教師がコンスタントに参加していた[23]。それは、学年や校種、学校間をまたいで、類似した問題意識をもつ教師同士が集まり、各々の興味を追求しながらも共有できる場であり、ウォッシュバーンは「教師を導き、親密に協働させて（direction and close cooperation）、素晴らしい研究者にする」[24]環境的要因として高く評価している。1926年4月には、セミナーでの研究活動の意義が認められ、ウィネトカ教育委員会からそれを母体とした研究部の設立に必要な資金援助を受けることになる[25]。その意味でも、セミナーはウィネトカ・プランにおけるカリキュラム研究を支え続けていた環境であったといえる。

　セミナーに参加した教師たちは、まず研究論文や年報、教育学に関する教科書などを調査し、可能な限りカリキュラム研究に関する情報を収集したという[26]。主に、彼らはシカゴ大学を拠点とする全米教育研究協会（the National Society for the Study of Education）の年報を参照している。同年報は全米における最先端の教育学研究誌であり、1910年代にはシカゴ大学のボビット（John F. Bobbitt）や

ジャッド（Charles Judd）、グレイ（William S. Gray）をはじめとする多くのカリキュラム研究者が成果を報告していた。とりわけ、ボビットは、「社会効率主義」を代表する人物であり、カリキュラムの文脈でその理論を築いたことで知られている。主著 *The Curriculum*（1918）から読み取れるように、彼が目指していたのは、現実社会における人間生活を広く観察調査する活動分析法によって、共同生活（community life）を実際的に機能させている人々の能力（abilities）や態度（attitudes）、慣習（habits）、文化理解（appreciations）、知の様式（forms of knowledge）などを科学的に分析し、それを学校教育のカリキュラムに反映させることであり[27]、彼の知識観はバークのそれに非常に類似している。ウォッシュバーンはすでに 1919 年 12 月の時点で、この *The Curriculum*（1918）を「興味深い方法で今日の教育における最も重要な課題について議論している良書（well written and well thought）」として保護者や教師に紹介しており[28]、1921 年 12 月から 1922 年 11 月にかけてボビットやジャッドらが同領域の研究者として推薦したペンドルトン（Charles S. Pendleton）を研究セミナーに招聘している[29]。さらに、教師たち自身も度々シカゴ大学の研究者と交流していたことから、こうしたボビットらの研究に直接学んでいたと考えられる[30]。彼らは、こうしたカリキュラム原理に触れる中で、次のような見解を共有したという。

彼ら［＝教師たち］は、公立学校の子どもたちが卒業するまでに、私たちの共同的・伝統的な生をかたちづくっている［知、すなわち］人名や場所、日付、出来事とであうべきだということに賛成した[31]。

　こうしたカリキュラム観は、ウォッシュバーンによって「コモン・エッセンシャルズ（common essentials）」と形容され、「所有する全ての人が実際に使用する知識や技能であり、社会で必要とされ、使用されている［知識や技能］についての統計的調査により客観的に決定されたもの」[32]と定義づけられる。ここからは、社会効率主義の提示した知識観や分析理論が応用されている様子がみてとれる。だがそれは、子どもに社会適応能力を効率的に習得させる方途として、言い換えれば、既存社会の価値規範に順応させ、社会統制（social control）を実現させる手段として、学校教育における知識・技能などの伝達を重視するものであったとは考えにくい。むしろウォッシュバーンは、バークやボビットと同様に、人と人とが仲間（fellow beings）としてお互いの理想や思想を分かち

合う（communicate）ために必要なツールとしてコモン・エッセンシャルズを想定している[33]。つまり、人々が積極的に多様な価値を交流・共有し、共同的な生を実現していくうえで有効な手段となる点にその意味があると、彼は考えていたのである。

(2)「社会科学の内容調査」にみる教師のコモン・エッセンシャルズ理解

次の段階として、教師たちは歴史と地理に関するコモン・エッセンシャルズを選定するために「社会科学の内容調査（the social science investigation）」を実施するが、そこではまず研究手法について検討している。当時、後にエッセンシャリズムの旗振り役となったバグリー（William C. Bagley）が、彼らと同一主題の研究課題に取り組み、活動分析の手法やプロセスを報告していた[34]。バグリーは、"The Determination of Minimum Essentials in Elementary Geography and History"（1915）の中で、①新聞と雑誌の分析、②地理・歴史学の専門家の判断、③学校で使用されている教科書内容の比較検討から、歴史と地理のミニマム・エッセンシャルズを選定する手法を紹介している[35]。そこでは社会で必要とされる知が意識されながらも、②と③からみてとれるように、学問的系統性に基づいた教科・科目の専門知識に力点が置かれ、その「基礎基本」が「ミニマム・エッセンシャルズ」として認識されている[36]。

ウィネトカの教師たちは、バグリーの弟子であるラッグ（Harold O. Rugg）と親交があり[37]、また全米教育研究協会の年報を参照していたことから、バグリーの同報告を参照していたとみてよいだろう。だが、彼らはその分析手法こそ参考にしながらも、分析対象を変更し、自ら考案していた。セミナーの議論において提案されたのは、①会話、②本、③定期刊行物の三つの内容を分析し、その中で頻繁に言及されている社会科学的な知識（歴史・地理に関する人名や地名、出来事、年号など）を限定したうえで、最終的に教師が質的な判断を行うという方法であった[38]。そこでは、学問的系統性を忠実に反映させることよりも、人と人との意思疎通の場において実際的に活用される知を発見することに重点がおかれている。

実際には、速記術を身に着けた教師がいないことから①会話分析が不可能であり、②本は主題ごとに内容面で大きな偏りがみられるため妥当でないという

82 論文

表1　分析対象として選択された定期刊行物

・文学雑誌（4種類）
　Atlantic / Bookman / Century / Scribner's
・フィクション雑誌（5種類）
　American / Cosmopolitan / Saturday Evening Post / Ladies' Home Journal / Good Housekeeping
・ニュース雑誌（5種類）
　World's Work / Literary Digest / Outlook / New Republic / Nation
・新聞（4種類）
　New York Times / Chicago Tribune / Chicago Herald-Examiner / Christian Science Monitor

出所）Washburne, "Basic Facts Needed in History and Geography".[39]

意見が提出された。最終的に、本の著者の大半が記事を寄せており、また会話内容とも一致する可能性が高い③定期刊行物が分析対象として選ばれたが、そこで選択された雑誌や新聞（表1）は地理・歴史に関する学術・専門誌ではない。

　むしろ、*Atlantic* や *American*、*New Republic*、*New York Times*、*Chicago Tribune* などに代表されるように、それらは、主題の種類、普及率、発刊期間の3点から、可能な限り当時のアメリカにおける社会生活の実相を反映し、かつ理想的な文化創出に貢献していると、教師たちに判断された雑誌であった。つまり、教師たちは、歴史・地理ないし社会科という教科・科目の枠組みにとらわれることなく、広く人々の共同生活を成立させている地理・歴史学的な要素（知見）を探究していたのである。このことから、彼らが「コモン・エッセンシャルズ」の本態が「共有知」であることを理解し、カリキュラム判断の軸として内面化していたと考えられる。

（3）カリキュラム開発主体としての意識

　上記の定期刊行物は1905年から1922年までの18年間に発行されたもので、合計266冊にものぼっており、分析は莫大な時間と労力を要するものとなった。重要なのは、その作業を、教師たち自身が行っていたことである。セミナーに参加した小学校と中学校の約15人の教師が休日や平日授業時間外に協力して分析を行い、1922年5月に完遂したという[40]。研究セミナーが始まった1920年から社会科学の事実調査が一旦の終結をみる1922年まで一貫して同調査に参加した教師オスターガード（Julia S. Ostergaard）は、後年にその時のことを次のように回顧している。

研究プロジェクトの一つに、1年間を通して、歴史と地理に関係する［調査で、］新聞や雑誌、図書館資料、科学関係の出版物、教育関係の出版物をスキャンしたものがあった。私たちは仲間と組んで、ともに［資料を］読み、［分析結果を］記述した。私たちは、週に2回［朝の］7時から10時までと、土曜日の朝に集まった。私たちの目標は、自身の知識を増やし、またバックグラウンドとなる情報量を拡大することであった。その研究成果が1922年度の全米教育研究協会の年報に載せられたのを、私は覚えている。[41]

　固定的なカリキュラムを編成するだけであれば、それまでのコース・オブ・スタディーとそれほど変わらないが、彼らの目的はそこにあったわけではない。彼らは、自分や子どもたちを取り巻く現実社会において、何が「共有知」となっているのかを自ら判断できるように、バックグラウンドを形成しようとしていたのである。

　この「社会科学の内容調査」を皮切りに、研究セミナーだけではなく学年会議においても、各学年の教師集団によって読方（Reading）や綴方（Spelling）、算数（Arithmetic）、手作業（Handwork）などといった他領域のカリキュラム研究が遂行され、また必要に応じて改訂が行われていくことになる[42]。そこからは、ソーンダイク（Edward L. Thorndike）らによる関連・先行研究の知見を踏まえながらも、自ら作業に取り組む教師の姿が確認される。さらにこうしたカリキュラム研究に伴い、教師たちの手によってコース・オブ・スタディーともいえる教科書や教師用ガイドブックが作成されていくが、そこからは特定の実践形式や型を形成することよりも、その時々の状況に応じて柔軟に実践を開発することを重んじる彼らの意識がうかがえる。

　たとえば、低学年学級を担任していた教師ヤングクィスト（Livia Youngquist）は、1921年から1923年にかけて低学年教師集団とシカゴ大学の研究者が共同で実施した発音（phonics）や単語（words）に関するコモン・エッセンシャルズ研究の成果に基づいて、低学年の読み物教材とその教師用ガイドブックを作成している[43]。そこでは「この本は子どもに適したもの（childlike）であり、科学的研究に基づいてつくられている（scientifically constructed）」として適切な教材例が集録されていることを主張しながらも、教師自身が「幼稚園や低学年の子

84 論 文

どもたちに適した物語について精通しているべきである」ことや、子どもたち
が普段の生活や長期休暇、遠足などを通して体験した事柄に合わせて柔軟に題
材や教材を選択していく必要性を強調している[44]。

　同様に複数の教師が協働で作成した算数の教師用ガイドブックにおいても、
「*最初の3学年において、[子どもが解決に取り組むのは、]実際の子どもたち
の算数的な体験（real arithmetic experience）に基づいた現実的な問題である。*それ
故に、これらの本［＝教科書やドリル教材］にとりあげられている問題だけで
は、子どもに望ましい問題解決の能力を身につけさせてあげることはできない
（斜体は原文のママ）」として、個々の教師が教科書やコース・オブ・スタ
ディーから示唆を得ながらも、自ら教育現実と向き合ってカリキュラム実践を
創出していくことが強く意識されていた[45]。

おわりに

　本稿では、1920年代初頭のウィネトカ・プランにおける教師たちの取り組
みを検討することで、科学的カリキュラム開発運動の実態を明らかにしてきた。
ウィネトカ公立学校の教師たちは、もともと所与のコース・オブ・スタディー
の忠実かつ効率的な伝達者として教職を規定していたが、ウォッシュバーンと
の出会いを契機にカリキュラムへの問題関心を抱くようになった。彼らは「社
会効率主義」の原理と手法を受容し、カリキュラム研究を進めていく中で「コ
モン・エッセンシャルズ」というカリキュラムの判断軸を内面化した。そのこ
とによって彼らに、既存のカリキュラムを改訂するだけでなく、そこから示唆
を得て、目前の教育現実と呼応しながら柔軟にカリキュラムを開発しようとす
る意識が形成されたのである。

　だが、このウィネトカ・プラン創設期の段階では、教師たちは子どもに何を
教えるべきかを問い直したにすぎず、子どもがどのように学ぶのかについては
意識的にはほとんど研究されていなかった。その課題は、1920年代中頃から
本格化する集団的創造的活動の開発にともない、レディネス研究という形で取
り組まれていったと予測される。

　以上のことから、「社会効率主義」の思想や理論がカリキュラムの開発主体

を教師から教育行政官と専門的研究者へと移行させたとする従来の解釈は、再
検討の余地があるだろう。本事例を見る限り、それは教師に意識の変容をもた
らし、カリキュラムの開発主体としての自覚を促すものであったと考えられる。
つまり、教師たちにとって「科学的」とは、現実社会との関係から目の前の子
どもに必要なカリキュラムを自ら探究し、発見するプロセスであったといえよ
う。とはいえ、本稿は科学的カリキュラム開発運動が教師に与えた影響の一部
を明らかにしたにすぎない。その全容に迫るためには、後続するデンヴァーや
セント・ルイスなどにおける教師たちの取り組みを検討し、個々の事例固有性
と全体に共通する普遍性とを解明していく必要があるが、それについては別稿
に譲りたい。

注

1　Herbert M. Kliebard, *The Struggle for the American Curriculum, 1893-1958*, 3rd ed., New York: Routledge, 2004.

2　佐藤学『米国カリキュラム改造史研究―単元学習の創造―』東京大学出版会、1990年、80頁。またキャラハンやタイヤックは、「社会効率主義」の台頭以降、経済界からの要請に応じられるように、カリキュラムに限らず学校教育システム全般が、専門的な訓練を受けた行政官（administrators）によって管理されていったと指摘している。See Raymond E. Callahan, *Education and the Cult of Efficiency: A Study of the Social Forces that Have Shaped the Administration of the Public Schools*, Chicago: The University of Chicago, 1962; David Tyack, *The One Best System: A History of American Urban Education*, Cambridge, MA: Harvard University Press, 1974.

3　上記のキャラハンとタイヤックの研究も、学校教育行政上の変化を整理しているにすぎず、学校内での教師の行動変容などについては明らかにしていない。

4　佐藤前掲、1990年、228頁。See also John D. Kent, "The Scientific Curriculum-Making Theory as a Conservative-Progressive Reform in an Age of Progressivism, 1914-1926," Ed. D. diss., Boston University, 1962, pp. 1-6. 同運動については、これまでカリキュラム「作成」や「改訂」など様々な名称が付与されてきた。本稿では、カリキュラム作成から開発へと連続的に展開していたとする佐藤の指摘（佐藤学『カリキュラムの批評』世織書房、1996年、50頁）を踏まえて、「科学的カリキュラム開発」と表記する。なお佐藤は、1930年代にはカリキュラム開発校の「量的普及」にともない「教師の参加」がみられるようになったと説明しているが（佐藤前掲、1990年、229-230頁）、その理由や要因については不明である。

86　論　文

5　実証的ではないが、クリバードはウィネトカ・プランには「社会効率主義の思想が吹き込まれていた」と推考しており（Kliebard, op. cit., 2004, p. 177）、ジルヴァースミットはウォッシュバーンの思想に「社会効率主義」のそれとの類似性を見出している（Arthur Zilversmit, *Changing Schools: Progressive Education Theory and Practice, 1930-1960,* Chicago: The University of Chicago Press, 1993, pp. 40-42）。

6　Lawrence A. Cremin, *The Transformation of the School: Progressivism in American Education, 1867-1957,* New York: Alfred A. Knopf Inc., 1961, pp. 299-302.

7　Hollis L. Caswell et all., *Curriculum Improvement in Public School Systems,* New York: Teachers College, Columbia University, 1950, pp. 151-152. なおデンヴァー・プログラムでは教師がカリキュラム開発に参画していたといわれているが、それはニューロンの思想や経営手腕に起因していたと考えられている。またニューロンの行政的役割に対する言及はみられるものの、同運動や「社会効率主義」がデンヴァーの教師自身にどのような影響を与えていたのかについても明らかにされていない。

8　Washburne and Myron M. Stearns, *Better Schools: A Survey of Progressive Education in American Public Schools,* The John Day Company, 1928, pp. 139-140.

9　宮本健市郎『アメリカ進歩主義教授理論の形成過程―教育における個性尊重は何を意味してきたか―』東信堂、2005年, 234, 261頁。山口満・宮本健市郎『教育の個別化』(明治図書、1988年。なお、宮本健市郎「ウィネトカ教員大学院設立の意義―アメリカ進歩主義教育における教師教育の実践―」(『神戸女子大学文学部紀要』第39巻、2006年、123-137頁)は、後1930年代初頭にウィネトカ公立学校を中心として先駆的に「教職大学院 (the Graduate Teachers College of Winnetka)」が創設されたことを明らかにしており、同プランを教師教育の視点から検討する重要性を提示しているため参照されたい。この他にもウィネトカ・プラン研究として次のものなどが挙げられるが、いずれも教師の力量形成の観点からはカリキュラム開発過程を検討していない。John L. Tewksbury, "An Historical Study of the Winnetka Public Schools from 1919 to 1946," Ph.D. diss., Northwestern University, 1962; William G. Meuer, "Carleton W. Washburne: His Administrative and Curricular Contributions in the Winnetka Public Schools, 1919 through 1943," Ed. D. diss., Loyola University of Chicago, 1988; Zilversmit, op. cit., 1993; 拙稿「1920年代におけるウィネトカ・システムのカリキュラム開発―小学校アドヴァイザー F. プレスラーの活動に着目して―」『カリキュラム研究』第25号、2016年、27-39頁；宮野尚・橋本美保「C. W. ウォッシュバーンにおける集団的創造的活動の思想形成―ヨーロッパ新教育の影響を中心に―」『東京学芸大学紀要 (総合教育科学系)』第68集、2017年、25-35頁など。

10　宮本前掲、2005年、207-208頁；佐藤隆之『キルパトリック教育思想の研究―アメリカにおけるプロジェクト・メソッド論の形成と展開―』風間書房、2004年、121-122頁。

11　Carleton W. Washburne and Heluiz Chandler Washburne, *The Story of the Earth,* New York:

1920年代のウィネトカ・プランにおける教師の意識変容　87

The Century Co., 1916, pp. v-vi.

12　Ibid., pp. v-x.

13　Frederic Burk, *In Re Every Child, a Minor, vs. Lockstep Schooling*, San Francisco, California: San Francisco State Normal School, 1915, p. 70. See also Burk, Effie B. McFadden and Irving M. Brazier, *A Simplified Course of Study in Grammar*, San Francisco State Normal School *Bulletin*, no. 15, 1912, [Continued inside back cover].

14　Washburne, *A Living Philosophy of Education*, New York: The John Day Company, 1940, p. 351.

15　Washburne, "The Individual System in Winnetka," *The Elementary School Journal*, vol. 21, no. 1, 1920, p. 52.

16　"Individual System," *Superintendent's Report*, June, 1920, pp. 95-96.

17　Ibid., p. 97.

18　Meuer, op. cit., 1988, pp. 121-122.

19　Washburne, "An Autobiographical Sketch," *Leaders in American Education, The 70th Yearbook of the NSSE*, part 2, 1971, p. 465.

20　Ibid., p. 466.

21　Ibid., p. 467.

22　Louise Mohr and Washburne, "The Winnetka Social-Science Investigation," *The Elementary School Journal*, vol. 23, no. 4, 1922, p. 267.

23　Tewksbury, op. cit., 1962, pp. 382-383.

24　Washburne, "Organizing Public Schools for Research," *The Journal of Educational Research*, vol. 10, no. 5, 1924, p. 364.

25　Tewksbury, op. cit., 1962, pp. 386-387.

26　Washburne and Stearns, op. cit., 1928, p. 140.

27　Franklin Bobbitt, *The Curriculum*, Chicago: Houghton Mifflin Company, 1918, pp. 41-44.

28　Washburne, "Winnetka School Problems," *Winnetka Weekly Talk*, December 20, 1919.

29　*Superintendent's Report*, October, 1921, pp. 261-262.

30　とくに後に研究主任となる教師ヴォゲル（Mabel Vogel）はシカゴ大学において研究指導を受け、1920年代を通して同大学研究者と共同で多様な研究プロジェクトを進めている。

31　Mohr and Washburne, op. cit., 1922, p. 268.

32　Washburne, "The Attainments of Gifted Children under Individual Instruction," *Report of the Society's Committee on the Education of Gifted Children, The 23rd Yearbook of the NSSE*, part 1, 1924, p. 247.

33　Washburne, "The Philosophy behind the Winnetka Experiments," *Hommage au Docteur Decroly*, 1932, p. 464. たとえばウォッシュバーンは、新聞や雑誌、会話などを通して他者の意見を交わし、相手と知的にコミュニケーションを図るために、子どもは同

88 論 文

じ時代にアメリカ社会を生きる人々が常識的に理解している歴史・地理に関する知識を学ぶ必要があるのであり、単にそれらの事実を暗記していることが重要なのではないことを指摘している（Washburne, "Basic Facts Needed in History and Geography; A Statistical Investigation," *The Social Studies in the Elementary and Secondary School, The 22nd Yearbook of the NSSE*, part 2, 1923, pp. 217-218. *Sample Booklet of the Social Science in Winnetka*, Winnetka Public School, pp. 1-5. なお、この *Sample Booklet of the Social Science in Winnetka* については、1920年代中頃までに中学校教師モアとウォッシュバーンが中心になって作成したものである。）

34　ウォッシュバーンによれば、ラッグも1920年頃に同様の研究課題に取り組んでいたが研究成果を公表しておらず、参照できなかったという（Washburne, op. cit., 1940, p. 356）。

35　W. C. Bagley, "The Determination of Minimum Essentials in Elementary Geography and History," *Minimum Essentials in Elementary-School Subjects: Standards and Curriculum Practices, The 14th Yearbook of the NSSE*, Part 1, 1915, pp. 131-146.

36　ラヴィッチの指摘するように、バグリーが学問的系統性を強調していたことは確かであるが（Diane Ravitch, *Left Back: A Century of Battles Over School Reform*, New York: Simon and Schuster, 2000, pp. 15-16, 121-123）、それと同時に、先述したボビットのように共同生活を支える「共有知」を重視していたと考えられる（Bagley, op. cit., 1915, pp. 131-146）。

37　*Superintendent's Report*, October, 1921, p. 233. See also Washburne and Stearns, op. cit., 1928, pp. 152-155.

38　Washburne, op. cit., 1923, pp. 217-218.

39　Ibid., p. 218.

40　Ibid., p. 216.

41　Meuer, op. cit., 1988, pp. 194-195.

42　Washburne, "Organizing Public Schools for Research," op. cit., 1924, pp. 365-368.

43　Livia Youngquist and Washburne, illustrated by Margaret Iannelli, *My Reading Book: A Teachers Manual*, Chicago: Rand McNally and Company, 1926, p. viii.

44　Ibid., pp. vii, xiii-xiv.

45　Washburne, Emma Jaycox, Clauda Rogers and Frieda Barnett, *Washburne Individual Arithmetic: Teacher's Manual*, 1925, p. 12.

付記　本研究はJSPS科研費17J04538の助成を受けたものである。

Teachers' Professional Development in the Winnetka Plan, 1920s: A Case Study on the Scientific Curriculum-Making Movement

Abstract

This paper aims to reexamine the influence of Social Efficiency's ideas on practices of teachers in Progressive Era.

Previous studies have showed that thoughts and theories of Social Efficiency, due to its highly administrative, bureaucratic and scientific nature, placed administrators and researchers at the center of curriculum-making rather than teachers. These conclusions, however, were not based on any narrative evidence that we could identify what teachers experienced, felt and thought. We should verify the actual influence of Social Efficiency on schools and teachers.

This study focuses on the Scientific Curriculum-Making Movement during 1920s that was stemmed from the ideas of Social Efficiency. Generally Speaking, the Denver Project started in 1922 is considered as the first case of this movement. In the Winnetka Plan, however, elementary and junior high school teachers and Superintendent, Carleton W. Washburne began curriculum-making in 1920. It was reformation of the entire public school curriculum in Winnetka and probably a pioneer case. Before 1920, teachers of the Winnetka schools were mechanically cramming the contents of curriculum made by the administrators or authorities into children's heads. In the process of discussion with Washburne, they reconsidered their role as a teacher and felt the necessity to revise school curriculum scientifically by themselves. Teachers voluntarily organized the research seminar and studied principles of curriculum-making, particularly ideas of Franklin Bobbitt, Charles Judd and William Bagley. They eventually internalized thoughts of Social Efficiency as the criteria for curriculum decisions, namely "Common Essentials". That brought about not only the renewal of school curriculum but also the change of teachers' professionalism. Teachers began to design practices in a flexible manner while referring to the course of studies, so that they could adjust curriculum to the individual children.

The findings of this study substantiate that teachers of the Winnetka schools developed autonomy on curriculum decision throughout the Scientific Curriculum-

Making based on Social efficiency's thoughts and theories. In other worlds, it indicates that the ideas of Social efficiency placed teachers at the center of curriculum-making rather than administrators or researchers. Farther case studies are needed in order to reveal the whole relationship between Social Efficiency's ideas and teachers' practices.

As has been showed, the narrative approach focusing on actual experiences of teachers has possibility to offer different points of view on the Progressive educational ideas and movements.

論 文

カリフォルニア州アラメダ郡におけるサービス調整チーム (COST)に基づく児童生徒支援システム
——学校－SBHC間連携の先進的モデルとして

The Students Support System through Coordination of Services Team (COST) in Alameda County, California: As an Advanced Model of the Cooperation between Schools and SBHCs

帖佐　尚人
Naoto CHOSA

はじめに
1　サービス調整チーム (COST) の理論的背景としての RTI モデル
　　(1) RTI モデルの概要
　　(2) RTI モデルの問題行動対応への拡張
2　サービス調整チーム (COST)
　　(1) COST の概要
　　(2) COST 運用の実際
おわりに——COST の意義と今後の検討課題

はじめに

　いまやアメリカにおける学校保健施策の主流（mainstream）とも称される学校拠点型保健センター（school-based health center, SBHC）は、文字通り学校内に居を構える保健医療機関であり、児童生徒の保健的・医療的ニーズに、現場直通（on-site）で対応可能な点に最大の特徴がある。実際には、学校内ではなく学校近隣に居を構える学校隣接型保健センター（school-linked health center, SLHC）の形態を取るものもあるが、いずれにせよこれらは、学校と保健医療機関とのより密接かつ効果的な連携に関する一つの有力なモデルを提示し得るものとして、今後の我が国の学校保健医療の在り方を展望する上での、重要な示唆を与えるものとなることが期待されるところである。

ちょうさ なおと　鹿児島国際大学

とはいえ、こうしたSBHCが、単に学校の中にある保健医療機関というだけにとどまらず、教育へのより積極的な寄与（例えば、SBHCが精神疾患を抱える児童生徒を特定した後に、教員と連携してその子どもの健全育成に当たる等）を果たしていくためには、児童生徒の個人情報保護に配慮しつつも、SBHC設置校とSBHCとの密接な連携協力を可能とする枠組みの整備が不可欠となろう。つまりSBHCは、学校内に居を構えているとはいえ、組織的には学校から独立した全くの別機関である。そのため、この両者が職務上得た児童生徒の個人情報を相互にやり取りすることは、連邦法「家庭教育の権利とプライバシーに関する法」(Family Educational Rights and Privacy Act of 1974, FERPA) 及び「医療保険の相互運用性と説明責任に関する法律」(Health Insurance Portability and Accountability Act of 1996, HIPAA) により、原則として禁止されている[1]。勿論、これはあくまで原則的な禁止であって、実際には子ども本人及び保護者の同意を得ることで、同意された範囲内での個人情報のやり取りが可能なのであるが、こうした枠組み内で学校とSBHCとがいかに密接かつ効果的に連携協力するのか、そのシステムの構築が極めて重要となるのである。

この点において、カリフォルニア州アラメダ郡では、独自の学校−SBHC間連携の会議体としての「サービス調整チーム」(coordination of services team, COST) を、2005年から導入している。このCOSTとは、詳しくは後述するが、学校の有する人的リソース（教職員、SBHC職員、その他外部指導者等）が提供する諸サービスを、効果的に調整するための情報連携及び行動連携の枠組みである。そして現在、COSTは、ロサンゼルス等の州内の他の地域の他、州外にも広まりつつあることからも、学校−SBHC間連携の在り方を考究する上で極めて示唆的な試みであると考えられよう。

そこで本稿では、カリフォルニア州アラメダ郡のCOSTを取り上げ、学校−SBHC間連携の今後の在り方を展望していくが、ここで同郡を取り上げる理由は次の3点である。第一に、カリフォルニア州が2015年3月現在、州別のSBHC設置数でフロリダ州に次ぐ2位の237箇所を擁するSBHC施策の先進地であり[2]、とりわけ州のSBHC連盟（California School-Based Health Alliance, CSHA）の本部があるアラメダ郡では、同連盟による直接的なサポートのもと、州内でも特に積極的なSBHC施策が展開されていること。第二に、この第一の理由と

も関連するが、筆者がかねてより同連盟の支援を受けて、このカリフォルニア州アラメダ郡を研究対象地とし、現地視察を含む調査研究を実施してきたこと。そして第三に、アラメダ郡で開発されたCOSTが、SBHCとの連携に特化した学校と学校外関係機関との連携システムとしては、アメリカ全土で見ても極めて先進的であり、今後の学校－SBHC間連携の有効なモデルとなることが期待されることである。

　尚、これまでのSBHCに関する日本国内の先行研究としては、SBHCの概要とその歴史的発展過程についての検討[3]や、州レベルにおける行政等のSBHC支援の枠組みの解明[4]、そして個々のSBHCの運用の実際の分析[5]等が挙げられるものの、学校－SBHC間連携のシステムに関しては、未だ本格的な研究が為されていないのが現状である。アメリカ国内での研究についても、学校とSBHCの連携の重要性を指摘したものは幾つかある[6]ものの、実際的なシステム構築にまで踏み込んだものは管見の限り存在しない。またCOSTについても、アラメダ郡職員によるカンファレンスでの紹介・報告がある[7]他は、学術的な調査研究はアメリカ国内においてもまだ為されておらず、これからその基礎的研究がスタートする段階であると考えられる。

　そのため以下では、まずはこうした学校－SBHC間連携システムの一モデルとしてのCOSTがいかなる理論から成り立っており、また実際にそれがどのように運用されているのかを把握することを目的に、このCOSTについての基礎的研究を行うこととしたい。より具体的には、(1) その背景理論としてのRTIモデルの分析から、COSTの概要を把握した後、(2) 郡政府作成のガイドブック[8]等の分析から、COST運用の実際を整理し、今後のより発展的な研究に向けての諸検討課題を考察していくことにする。

1　サービス調整チーム（COST）の理論的背景としてのRTIモデル

(1) RTIモデルの概要

　カリフォルニア州アラメダ郡で、同州独自に開発・導入されているサービス調整チーム（COST）について、その理論的背景となっているのがRTI（response to intervention / response to instruction）モデルである。そのため、ここでまずCOST

94　論　文

の分析に先立って、RTIモデルについて概観しておこう。

　このRTIとは、発達障害、とりわけ学習障害（LD）を抱える児童生徒への指導モデルとして、近年注目されているものである。すなわち、2004年に改正された障害者教育法（Individuals with Disabilities Education Act, IDEA）において、学習障害の判定・指導モデルの1つとしてこのRTIが位置付けられると、RTIは従来的なディスクレパンシィ・モデル（discrepancy model, 知能検査のIQ値と学業達成水準との差異に基づく学習障害の判定基準）に代わるものとして、現在ではほぼ全ての州で取り入れられることとなった[9]。このRTIにおいては、一般に次のような3つの階層を経て児童生徒のアセスメントが行われ、段階に応じた指導支援が為される[10]。

① 　第1層（通常教育における質の高い指導支援）：全ての児童生徒を対象とした、学校又は教室全体レベルでの一斉指導の中で、学業進捗度にリスクを有する子どもを発見・モニタリングする。基本的には、学級担任の指導で問題の解決を図るが、同時に他の学級との比較から、当該学級担任の指導が適切であったか否かについても検討され、もし不適切と判断される場合にはその改善も目指される。

② 　第2層（判定・評価に基づく指導支援とそのモニタリング）：第1層における指導支援の実施にもかかわらず、望ましい反応が得られない（子どもの問題が改善されない）場合、各学級における通常指導に加えて、少人数グループによる指導が行われる。この層に位置付けられた子どもは、学業改善の有無について頻繁にモニタリングが為され、必要に応じて外部専門家の支援を受ける。

③ 　第3層（障害の判定と特別な教育的ニーズに応じた教育）：子どもの困難に焦点を当てた集中的な個別指導が行われる。この指導に対しても望ましい反応がみられない場合には、特別支援教育対象の学習障害児として判定され、特別支援の専門家による重点的な指導が為される。ただし、障害児と診断されたからといって第3層に固定されるわけではなく、学習の進歩を見て、第1層や第2層に移動する場合もある。

　このようなRTIモデルは、(a) 学習障害児の判定・指導方法として多層的

（multi-tiered）アプローチを取ることで、児童生徒の要支援の程度に応じた途切れのない指導支援を可能にしていること、そして（b）第1層での全児童生徒を対象としたスクリーニングにより、学習障害が疑われる段階（障害と断定されていない段階）からの、早期の指導支援をシステム化していることに主たる特徴がある。すなわち、RTIの第1層では、担任教師らによる全児童生徒を対象とした日々の観察を通じて、学業達成上に課題のある児童生徒が特定されるが、ここでは、当該児童生徒が学習障害であるか否かの判定が為される訳ではない。この段階では、あくまで学級担任が中心となって、（障害の有無にかかわらず）学業達成の向上のためのきめ細やかな指導支援が為されるのである。その意味でこのRTIモデルは、学習障害児に対する指導モデルであると同時に、学業不振の子ども一般の指導モデルでもあると捉えられよう[11]。

(2) RTIモデルの問題行動対応への拡張

以上のようにRTIモデルは、基本的には児童生徒の学業上の問題に対する早期支援のシステムと理解されている[12]が、現在ではこれが、児童生徒の行動上の問題対応一般の枠組みにまで拡張されて実践されることも少なくない。例えばJ.スプレイグ（Jeffrey R. Sprague）らは、児童生徒の学業達成のレベルは、実のところ非行や怠学、薬物・アルコール乱用等の行動上の諸問題と不可分の関係にあるという観点から、学業面と行動面との一体化された支援の必要性を指摘する[13]。こうした学業面と行動面の諸問題の密接な関連性は、SBHC研究においても以前から主張されてきたところであり、例えばガル（Gail Gall）らは、SBHCが児童生徒のメンタルヘルス・スクリーニングを実施し、行動面の課題を抱える子どもの早期発見・早期対応を進めたことで、彼らの欠席率や遅刻率の大幅な減少、ひいては学業達成の向上に繋がったことを実証的に明らかにしている[14]。このように、児童生徒の行動上の問題の改善が、当該児童生徒の学業達成に直接的に関わることから、スプレイグらは「学業的RTI」（academic RTI）と「行動的RTI」（behavioral RTI）とを包括した、「包括的RTI」（comprehensive RTI）とも称される枠組みを提唱したのだが、このうちの行動的RTIについて、彼らはその要点を以下の7つに整理している[15·16]。

① 多層的行動支援（multiple tiers of behavior support）：児童生徒へのサービス

と彼らのニーズとを一致させるための、段階的に強化される支援という
サービス提供戦略。

② エビデンスに基づく／科学的に妥当な介入（evidence-based/scientifically-validated interventions）：科学的調査に裏打ちされた行動的RTIモデルのもとで為される、児童生徒の社会性や行動を改善するための指導支援という発想。

③ 全児童生徒へのプロアクティブなスクリーニング（universal, proactive screening）：全児童生徒の中から、行動面で課題を抱えている者や短期的又は長期的に見てネガティブな結果を示すリスクのある者を特定するための、組織的なプロセス。

④ 経過のモニタリング（progress monitoring）：児童生徒の学業上及び行動上のパフォーマンスを測定し、指導支援の効果を検証するのに用いられる諸実践。

⑤ 問題解決（problem-solving）：(a) 問題の特定、(b) 問題の分析、(c) アクションプランの策定、(d) プランの実行、及び (e) プランの結果の評価という、行動支援チームの援助指針となるダイナミックかつ組織的なプロセス。

⑥ データに基づく意思決定（data-based decision-making）：特定の指導支援を強化するか、現状維持か、それとも支援を終結させるかどうかに関する意思決定のための、児童生徒の反応データを用いた、問題解決プロセス上の重要な構成要素。

⑦ 処方の最適性についてのアセスメント（treatment integrity assessment）：行動的RTIモデルにおいて実施される指導支援とは、児童生徒が適切かつ適法的な意思決定ができるようになることを狙いとして為されなければならないという観点。

　本稿で取り上げるカリフォルニア州でも、主としてこうした拡張されたRTIモデルが公的に採用されている。すなわち、カリフォルニア州教育局（California Department of Education）は、同州におけるRTI（カリフォルニア州ではRTI2［response to instruction and intervention］と呼ばれる）に関する説明として、「学業達成のギャップを解消し、問題行動を改善させるために必要な諸条件を創出

するための、成功へのエビデンスを伴ったアプローチの1つ」であり、「これを効果的なものとするためには、学校、学区、地域社会のあらゆる資源を活用・コーディネートしなければならない」[17]と述べているが、ここではRTIの射程として、学業面と行動面の両方が想定されていることが確認できよう。以上のことを踏まえた上で、次にカリフォルニア州アラメダ郡におけるRTIの一展開としての、COSTに基づく児童生徒支援を捉えていこう。

2　サービス調整チーム（COST）

(1) COSTの概要

　これまでみてきたような、児童生徒の学業面・行動面双方にまたがる包括的なRTIに関して、カリフォルニア州の特にアラメダ郡では、行動面、とりわけ行動保健（behavioral health）という観点から、児童生徒にアプローチする取り組みが草の根的に始まっている。これが、サービス調整チーム（COST）を中核とした児童生徒支援システムである。

　このCOSTとは、冒頭で述べた通り、学校の有する人的リソース（教職員、SBHC職員、その他外部指導者）が提供する諸サービスを、効果的に調整するための情報連携及び行動連携の枠組み（会議体）である。その最大の目的は、児童生徒の学業達成と健全育成（healthy development）を支援することにあり、教育的観点及び保健医療的観点から支援を必要としている児童生徒について、適切な援助方針の検討や提供サービスの調整、提供後の経過分析等が行われる。このようなCOSTは、アラメダ郡の学校保健部局内に設置されている「健康的な学校及びコミュニティセンター」（Alameda County Center for Healthy Schools and Communities, ACCHSC）が中心となり、関係機関や現場諸氏と共同で開発したもので、アラメダ郡を始めとする地域で2005年から導入が開始された。そして現在、COSTは、ロサンゼルス等の州内の他の地域の他、州外にも広まりつつある[18]とされるように、全米的にも注目を集めている取り組みである。

　COSTの会議の実施頻度は、通常週1回であり、その都度各教員やSBHC等の保健医療職員、或いは保護者や学外の関係機関から照会された学業・健康上のリスク児がケースに挙げられる[19]。構成メンバーは、学校によって様々では

あるが、校長、副校長、教員（COST担当、保護者担当等）、SBHC職員、カウンセラー、スクールナース、心理士、ソーシャルワーカー、特別支援教育担当者、放課後教室担当者等であり、基本的には年間を通してメンバーは固定である[20]。そしてこれらのメンバーの中から、会議実施・進行のコーディネート役を担うCOSTコーディネーターが選ばれるが、誰がそのコーディネーターを務めるかについては、次の2つのパターンがある[21]。第一に、専任のCOSTコーディネーター（dedicated COST coordinator）配置型であり、校内に配置される専任職員がCOSTの運用を主導する形態である。第二に、複数名によるリーダーシップ共有（shared leadership）型である。一般的には、前者の専任職員を配置する形態が望ましいとされるが、その人的余裕がない場合に、学校管理職やスクールソーシャルワーカー、スクールナースなど複数名で役割を分担し、COSTを運用していくのがこの形態である[22]。

　このようなCOSTは、カリフォルニア州における包括的RTIモデルの中核的役割を担うものと位置付けられており、そのRTIの各段階の特徴をまとめるならば、次のようになる[23]。また、その簡易的なイメージ図が図1である。

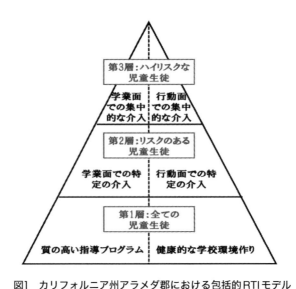

図1　カリフォルニア州アラメダ郡における包括的RTIモデル
出所）Alameda County, Board of Education, "Alameda County School-Based Behavioral Health Framework", 2011, pp.8-9をもとに作成。

① 第1層（質の高い指導プログラム及び健康的な学校環境作り）：全ての児童生徒を対象とした、学校又は教室全体レベルでの取り組み。子ども達が望ましい行動を学習できるよう、学校全体を健康的で文化的な環境とし、そして質の高い教育と保健医療サービス提供及びスクリーニングが個々の教職員や保健医療職員によって為される、予防的段階である。

② 第2層（学業面・行動面での特定の指導支援）：第1層での指導を経て特定された、学業面又は行動面での課題を抱えた一部のリスク児に対する支援。ここではCOSTによってリスク児の情報が共有され、ニーズの特定、支援のための計画の立案、そして支援後の経過のモニタリングが為される。

③ 第3層（学業面・行動面での集中的な指導支援）：第2層での指導支援が十分な効果を発揮しなかった場合、当該児童生徒はハイリスク児と位置付けられ、集中的な支援の対象となる。この段階では、COSTでも継続してケースに挙げられるが、それとは別に、当該の児童生徒支援のための特別なチームが結成されることになる。いわゆる、児童生徒サポートチーム（student support team, SST）[24]であり、必要に応じて学校外の教育・保健医療資源や、場合によっては保護者も加わって、課題解消のための必要なサービスが検討・実施される。

　このようにCOSTは、特に上記の第2層以降の段階で中核的な役割を果たす、学校教職員−保健医療職員（とりわけSBHC職員）間の有効な情報連携の場であり、かつ既存の児童生徒支援システムであるSST等と連動することにより、その後の行動連携に繋がる契機ともなり得るのである。その意味でCOSTは、必ずしも第1層の全ての児童生徒を射程としたものではないが、個々の教職員や保健医療職員によって為された指導支援が十分に機能している限りにおいて、COSTを通じた学業上・行動上のリスク児に対する支援が可能となるのである。

(2) COST運用の実際

　それでは次に、COSTコーディネーターのもとでのCOST運用の実際をみていこう。まず、COSTコーディネーターは、次の**表1**のようなアジェンダを立てて、会議を運営していくことになる。

100　論　文

表1　COST会議のアジェンダ例（高等学校）

時間	主な議題	担当者
09:00- 09:05	開会（5分） ・出欠確認、アジェンダの確認	COSTコーディネーター
09:05- 09:45	新規照会の検討（40分） ・照会内容や、これまでの介入と生徒の反応の確認 ・実施可能な支援サービスの戦略の立案 ・生徒介入とチーム調整のアクションプラン策定 ・キーパーソンとフォローアップ日の決定	COSTコーディネーター
09:45- 09:55	過去の照会のフォローアップ（10分） ・元々の照会内容やCOSTに基づく介入と現在の状況、効果的な 　サポートの在り方、ニーズ変化等の説明 ・修正されたアクションプランの再策定 ・ケース終了の決定又は次のフォローアップ日の決定	キーパーソン
09:55- 10:00	閉会（5分） ・振り返りとアナウンス、次回の議題確認	COSTコーディネーター

出所）Alameda County Center for Healthy Schools and Communities, "COST Meeting Agendas", 2015.（http://www.achealthyschools.org/schoolhealthworks/programs/cost-toolkit.html）をもとに作成（最終確認2017年5月7日）。

　この表からも分かるように、COSTの会議は（照会件数にもよるが）通常1時間程度で、新規に紹介された児童生徒の支援（介入）方針の決定が主たる議題となる。そこでは、個々のケースについて誰が主として対応するのか、その主となるキーパーソンを中心にどのようなチームで臨むのか、そしてどのような行動計画（アクションプラン）に基づいて支援を進めていくのかが決定される。その上で、行動計画に沿って支援が進められるが、その結果については次回以降のCOST会議でフォローアップされ、ケースの終了かもしくは更なる支援の実施が決められることになる。このように、学校内外の職員が定期的に集い、

表2　COSTへの主な照会対象

学業的・学校的ニーズ	出席、怠学／学業関係／学級での行動／原級留置／放校／学習困難
情緒的・行動的ニーズ	アンガーマネージメント／自尊感情、自己肯定感／抑うつ／自殺願望／自傷行為／ADHD／暴力関連／トラウマ、PTSD
社会的・関係的ニーズ	親子、家族関係／恋人関係／ジェンダー、性同一性／性行動、性的嫌がらせ／ギャング加入／里親委託の子ども／同輩関係、いじめ
保健医療的・基本的ニーズ	事故、喪失関連／食事関係／薬物依存、乱用／基本的ニーズ（衣食住）／保健医療関係（眼科、歯科、胃痛、頭痛など）／性保健関係

出所）Oakland Unified School District, "Coordination of Services Team（COST）Referral Process", 2010.（http://www.ousd.k12.ca.us/cms/lib07/CA01001176/Centricity/Domain/133/COST_Referral_Process,_Forms_and_Logs.pdf）をもとに作成（最終確認2017年5月7日）。

その各々が提供可能なサービスを効果的に調整することで、個々の児童生徒の抱えるニーズに適った、きめ細やかな支援を可能とするのがCOSTなのである。また、このようなCOSTへの照会（referral）の対象となるのは、概ね**表2**に示されるようなニーズを有する児童生徒で、かつ個々の教職員やSBHC職員のみでは対応が困難なものである。

　また、COSTの枠組みを活用した具体的な児童生徒支援のケースとしては、冒頭で触れたアラメダ郡作成のガイドブック（"Coordination of Services Team Guide"）内でその想定事例が紹介されているので、ここで示しておきたい[25]。

　　セドリックは、高等学校に通う18歳の少年である。彼は実父の顔を見たことがなく、7歳の時に実母の元を離れ養子縁組に出された。高校生になったセドリックは、縁組先の成人男性と同居して生活していたが、最終学年の中頃に不幸にもその男性が他界してしまった。悲しみに暮れ、住む家を失ったセドリックが、副校長の元に支援を求めてきたため、副校長はCOSTコーディネーターにセドリックを照会（refer）した。そこでCOSTコーディネーターは、セドリックと連絡を取った後、その照会をCOSTの会議に上げ、これを受けてCOSTメンバーは次の措置を調整・実施することにした。

・保護者関係の担当者（parent liaison）は、セドリックが住居を探すのをサポートするとともに、セドリックをフードバンクへ連れて行き、彼がフードスタンプ（低所得者向けの食料費補助プログラム）に加入する手助けをする。
・コーディネーターと保護者担当は、葬儀費用を支払うために、慈善団体及び教会関係者とコンタクトを取る。
・カウンセラーは相談援助を行うとともに、セドリックの自己肯定感を高めるためにもアルバイト探しや面接スキルの訓練を行う。
・スクールナース及び栄養士は、栄養及び健康上のサポートを提供する。
・SBHCの医師は、セドリックへの継続的な医療的ケア提供のために、患者登録をする。

102　論　文

・コーディネーターは、大学のカウンセラー及び副校長とともに、セドリックが卒業に必要な単位を修得し、SAT（大学進学適性試験）を受け、大学に出願できるように調整する。

　その結果、卒業と同時にセドリックは大学に進学（報道関係を専攻）し、無料の食事付きの住居の提供を受けるとともに、アルバイトの職を得た。彼はCOSTコーディネーターに、自分への支援システムを作ってくれたことに対する感謝を述べ、そしてそれによって自身の新しい1ページを切り拓くことができたと告げた。COSTメンバーは、COSTによる協働なくしては、そのような結果を導き出すことはできなかっただろうと痛感した。

　このようにCOSTでは、児童生徒の極めてプライベートな領域にまで踏み込んで、支援の要不要や援助方針等が検討される。勿論、COSTのメンバーには守秘義務が課されるのだが、その際には冒頭で触れた連邦法FERPA及びHIPAAにより、学校の教職員とSBHC等の保健医療職員が児童生徒の個人情報を相互にやり取りする際には、本人及び保護者の同意を得ることが必要となる。そのため、特にSBHCが設置されている学校において、実際にCOSTを導入するに当たっては、一般に次の3つのステップを経る必要がある。

　第一に、SBHCサービスの提供機関は、学校でのサービス提供開始に先立って設置校と協定書（agreement）を締結し、それを通常1年毎に更新していくが、この協定書内に学校・SBHC協働でのCOST設置を明記することである[26]。第二に、SBHCが校内で諸保健医療サービスを提供することそのものについて、児童生徒本人及び保護者の同意書を確保することである。そして第三に、先の同意書に付随する形で、必要に応じてCOSTの枠組みでの支援を行うことに関し、児童生徒本人及び保護者の同意を得ることである。こうした手続きを経て、実際にCOSTが導入・運用されることになるのである。

おわりに――COSTの意義と今後の検討課題

　以上に示されるCOSTの意義について、アラメダ郡健康的な学校・コミュニ

ティセンター（Center for Healthy Schools and Communities）は、次の4つを挙げている[27]。つまり、①児童生徒のニーズに応じて適切に介入する能力の向上、②限られた人的リソースの有効な活用、③COSTメンバーの帰属意識とサービスの質の向上、④予防、早期介入、集中的介入といった児童生徒への切れ目のないサービス提供という4つであり、これは端的にはCOSTが、学校内外の人的リソース間の調整（coordination）、意志疎通（communication）、そして連携協力（collaboration）という重要な役割を担っていることに起因するものである。

　このように、学校−SBHC間連携の基本的な連携システムと機能するCOSTは、SBHCがその機能を十全に発揮する上で、極めて重要であろう。というのも、SBHCが有効に機能するためには、学校サイドからの理解と協力が不可欠なことは多くの先行研究が指摘しているところだからである。例えばL.マンデル（Leslie A. Mandel）がマサチューセッツ州において実施した聞き取り調査（2007）では、SBHCの諸サービスが高い効果を上げている学校ほど校長・教員のSBHCに対する理解が高く、逆にあまり成果が上がっていない学校ほど、校長・教員のSBHC職員に対する「ゲスト」（guest）意識が顕著に見られることが報告されている[28]。或いは、ニューヨーク市の学校保健部局である学校保健管理室（Office of School Health）が実施したメール及びインタビュー調査からは、学校−SBHC間の連携が十分に機能していない場合の、その原因の一例として、校長とSBHCスタッフ間の定例会議を開くことが、スケジュール的に困難であるとするコメントが挙げられている[29]。これらの点から、学校−SBHC間の協力関係のもと、定期的な情報交換の場をシステム化したアラメダ郡のCOSTは、学校−SBHC間の障壁を乗り越える上での極めて先進的な取り組みとして評価できよう。

　とはいえCOSTは、必ずしも万能なシステムではない。つまりCOSTは、学校の教職員やSBHC職員、保護者、その他外部指導者等からの照会を、COSTコーディネーターが一極集中的に漏れなく集積・管理するという集中的照会システム（centralized referral system）を前提としている。RTIモデルにおける第1層段階に当たるものであり、この点が十分に機能しない限り、COSTがその本来の機能を十全に果たすことは極めて困難になるのである。そのため、COSTの導入・運用に際してはこうした集中的照会システムの整備が不可欠なのであっ

104　論　文

て、ここにおいてCOSTコーディネーターの力量が問われることになる。すなわちコーディネーターは、単にCOSTの会議を運営し、照会された児童生徒へのサービス調整を行うのみならず、COSTメンバーではない関係者（COSTメンバー以外の教職員やSBHC職員、保護者、そして外部関係機関の職員等）からも滞りなく児童生徒の照会が得られるよう、そうした人々との関係性の構築や、必要なシステムの整備を行わなければならないのである。実際に、アラメダ郡作成のCOSTガイドブックでは、集中的照会システムの整備が不十分であったために、COSTが上手く機能しなかった事例も指摘されている[30]。

　そこで今後においては、COSTが有効に機能するための諸条件整備の方途について、上記ガイドブックの更なる精査や追加の補充調査の実施から考察したい。更に、他州における同種の連携システムの整備状況にも目配せしつつ、より密接かつ効果的な学校－SBHC間連携の在り方についての考究を深めていければと考えている。

注

1　FERPA及びHIPAAについては、California School Health Centers Association, *HIPAA or FERPA?: A Primer on School Health Information Sharing in California*, California School Health Centers Association, 2010参照。

2　The School-Based Health Alliance, "2013-14 Census Report of School-Based Health Centers", 2015.（http://censusreport.sbh4all.org/、最終確認2017年5月7日）

3　拙稿「アメリカにおける学校拠点型保健センター（SBHC）：その発展と現在」『アメリカ教育学会紀要』24、2013年、pp.3-15。

4　帖佐尚人、福島豪、越後亜美「カリフォルニア州学校保健センター連盟の学校保健施策―その学校拠点型保健センター（SBHC）支援と健康教育プログラム実践の分析」『鹿児島国際大学福祉社会学部論集』32:3、2014年、pp.37-50。

5　帖佐尚人、福島豪、越後亜美「アメリカにおける学校拠点型保健センター（SBHC）の実際―カリフォルニア州アラメダ郡を事例として」『鹿児島国際大学福祉社会学部論集』33:4、2015年、pp.35-49。

6　Jeanita W. Richardson, "Building Bridges between School-Based Health Clinics and Schools", in *Journal of School Health*, 2007, 77:7, pp.337-343. ; Leslie A. Mandel "Taking the 'Guest' Work Out of School-Health Interagency Partnerships", in *Public Health Reports*, 123, 2008, pp.790-797.

7　Alameda County Center for Healthy Schools and Communities, "Introduction to COST: Building Communities of Care", California School-Based Health Alliance Conference 2014.

8 Alameda County Center for Healthy Schools and Communities, "Coordination of Services Team Guide", 2015. (http://www.achealthyschools.org/schoolhealthworks/programs/cost-toolkit.html、最終確認2017年5月7日)

9 当時指摘されていたディスクレパンシィ・モデルの問題点として、羽山は①学習障害の広すぎる分類と間接的な診断、②診断におけるバイアス、③神経学的知見との不一致、④早期対応の欠如の4点を挙げている。(羽山裕子「アメリカ合衆国における学習障害児診断に関する一考察―ディスクレパンシー・アプローチに焦点を当てて」『京都大学大学院教育学研究科紀要』58、2012年、p.413参照)。

10 清水貞夫「『教育的介入に対する応答 (RTI)』と学力底上げ政策」『障害者問題研究』36:1、2008年、pp.68-70；羽山裕子「アメリカ合衆国における学習障害児教育の検討―RTIの意義と課題」『教育方法学研究』37、2012年、pp.64-65参照。

11 学習障害児支援ではなく、ギフテッド教育へのRTIモデル活用を検討したのもととして、例えば関内偉一郎「ギフテッド対応型RTIモデルにおける才能教育の多層的展開―『早修』と『拡充』の新たな実践的枠組みに着目して」『アメリカ教育学会紀要』27、2016年、pp.44-57参照。

12 川合紀宗「IDEA 2004の制定に伴う合衆国における障害判定・評価の在り方の変容について」『広島大学大学院教育学研究科附属特別支援教育実践センター研究紀要』7、2009年、p.61参照。

13 Jeffrey R. Sprague, Hill M. Walker, *Safe and Healthy Schools: Practical Prevention Strategies*, New York: Guilford Press, 2005, pp.42-43.

14 Gail Gall, Maria E. Pagano, M. Sheila Desmond, James M. Perrin, J. Michael Murphy, "Utility of Psychosocial Screening at a School-based Health Center", in *Journal of School Health*, 2000, 70:7, pp.292-298.

15 Jeffrey R. Sprague, Clayton R. Cook, Diana B. Wright, Carol Sadler, *RTI and Behavior: A Guide to Integrating Behavioral and Academic Supports*, LRP Publications, 2008, p.4.

16 尚、こうした行動的RTIは、RTIとほぼ同時期に開発され、導入が進められている積極的行動介入・支援 (positive behavioral interventions & supports, PBIS) のアプローチと極めて親和的な関係にある。いずれも多層型の児童生徒支援システムであり、そのためRTI(特に行動的RTI)とPBISが互換的に用いられることも少なくない。この点については、例えばTherese Sandomierksi, Donald Kincaid, Bob Algozzine, "Response to Intervention and Positive Behavior Support: Brothers from Different Mothers or Sisters with Different Misters?", in *Positive Behavioral Interventions and Supports Newsletter*, 4:2, 2007, pp.1-8参照。

17 California Department of Education, "California Philosophy & Definition - RTI2". (http://www.cde.ca.gov/ci/cr/ri/rtiphilosphydefine.asp、最終確認2017年5月7日)

18 Alameda County Center for Healthy Schools and Communities, 2015, op. cit., p.2.

19 Oakland Unified School District, "Coordination of Services Team (COST) Referral

Process", 2010.（http://www.ousd.k12.ca.us/cms/lib07/CA01001176/Centricity/ Domain/133/COST_Referral_Process,_Forms_and_Logs.pdf、最終確認2017年5月7日）

20　Alameda County Center for Healthy Schools and Communities, 2014, op. cit., slide.16.

21　Alameda County Center for Healthy Schools and Communities, 2015, op. cit., p.3.

22　筆者が2015年8月に訪問した、次の2箇所のSBHC（のサービス提供校）は、いずれもCOST運用に特に力を入れているということもあり、専任COSTコーディネーター配置型であった。まず、ユースハート保健センター（Youth Heart Health Center）では、近隣の小中高等学校計3校を中心にサービス提供を行っているが、これらの学校には、学区が雇用した専任のCOSTコーディネーターが3校併任という形で配置されており、各校でのCOST会議を運営している（2015年8月11日実施の「ユースハート保健センター職員への聞き取り調査」における、ユースハート保健センタースーパーバイザー Antoinette Silva氏の発言）。また、ホーソーン学校拠点型クリニック（Hawthorne School-Based Clinic）では、設置校である中学校を中心にサービスを提供しているが、その中学校で長らく教員として勤務してきたベテランの職員がガイダンス・カウンセラーとして任用され、COSTコーディネーターの役割を担っている。当該職員は、長い経験と実績に裏打ちされたコーディネート能力から、同校におけるCOST運用のための各関係者からの情報収集と管理、会議のアジェンダ作成と進行等を一手に引き受け、校長や各教員その他の関係者全てから「絶大な信頼を置かれている」人物だとのことであった（2015年8月11日実施の「ホーソーン学校拠点型クリニック職員への聞き取り調査」における、ホーソーン学校拠点型クリニックスーパーバイザー Ruth Campbell氏の発言）。

23　Alameda County, Board of Education, "Alameda County School-Based Behavioral Health Framework", 2011, pp.8-9.（http://edenucc.com/wp-content/uploads/2013/12/School-Based-Behavioral-Health-Framework-Sept.-26-2011.pdf、最終確認2017年5月7日）

24　SSTについては、八並光俊、細見博文「スチューデントサポートチームによる生徒援助システムの有効性に関する研究」『兵庫教育大学研究紀要.第1分冊』21、2001年、pp.37-48を参照。

25　Alameda County Center for Healthy Schools and Communities, 2015, op. cit., p.3.

26　例えば、CSHAが作成した学校－SBHC間の協定書のサンプルでは、「目的と対象の共有」（shared goals and objectives）という項目の中で、「支援サービス提供者間での照会とケースコーディネーションを増加させるための、サービス調整チーム（COST）の実施」を例示している（California School-Based Health Alliance, "Sample Letter of Agreement between School & School-Based Health Center", 2013. http://www.schoolhealthcenters.org/wp-content/uploads/2013/02/Sample-School-SBHC-Lette r-of-Agreement.pdf、最終確認2017年5月7日）。

27　Alameda County Center for Healthy Schools and Communities, 2014, op. cit., slide.12.

28　Leslie A. Mandel, op. cit., pp.790-797.

29 Marcelo De Stefano, Bibi Khan-Parmar, Julia Choe-Castillo, *Bridging the Gap Between Principals and School-Based Health Center Staff*, New York City Department of Education, Office of School Health, 2009, p.6.

30 Alameda County Center for Healthy Schools and Communities, 2015, op. cit., p.11.

付記　本論文は、平成25-27年度科学研究費助成金(若手B)「アメリカにおける学校拠点型保健センター（SBHC）とその我が国への導入可能性」(研究代表者：帖佐尚人、課題番号：25870829)及び平成26-30年度科学研究費助成金(基盤B)「EU諸国等における学校基盤の包括的健康教育カリキュラムの研究―地域と協働する学校」(研究代表者：赤星まゆみ、課題番号：26301039)の成果の一部である。

108 論 文

The Students Support System through Coordination of Services Team (COST) in Alameda County, California: As an Advanced Model of the Cooperation between Schools and SBHCs

Abstract

School-based health centers (SBHCs) are health care facilities, literally what the name implies, locating on school campuses in the United States. The distinctive feature of SBHCs is that they can provide comprehensive health care services (e.g. primary care, mental health care, dental health care, health education, nutrition education, and behavioral health care) to students on-site. It is expected that such SBHCs give an important suggestion on surveying the way of school health care of our country's future as it can be the one of influential model for more closely and more effective cooperation between schools and school health institutions.

However, although SBHCs are located on school's site, they are totally different organizations from the schools. Therefore, it is essential to obtain the consent both the students and their guardians when the school and SBHC staffs exchange mutually personal information of the children, based on two federal laws; the Family Educational Rights and Privacy Act of 1974 (FERPA) and the Health Insurance Portability and Accountability Act of 1996 (HIPAA). It becomes very important that schools and SBHCs build an appropriate and effective system to cooperate while getting over such a certain "barrier" in order to demonstrate the maximum capacity of SBHCs.

In this respect, in Alameda County, California State, the coordination of services team (COST) has been adapted since 2005 as the original meeting system of schools and SBHCs cooperation. This COST is a framework of sharing information and action to adjust the services provided by various human resources (school staffs, SBHC staffs, other external leaders, and so on) effectively. The biggest purpose of COST is to support academic achievement and healthy development of children, so COST members discuss and adjust services for students who have educational and medical needs, and follow-up the progress after the services are offered. And now COST has been spreading out not only other areas in California such as Los Angeles but also outside the state in America. Hence, in this paper, I attempt to (i) outline of COST from the analysis of RTI as its theoretical background and to (ii) examine the practical side of COST as one of the prominent system of the cooperation between schools and SBHCs.

論　文

反いじめ法施策に基づく子どもの権利保護の枠組み
——メリーランド州における学校を基盤としたいじめ対応を中心として

Anti-Bullying Laws and Policies protecting Child's Right:
School-Based Bullying Prevention Strategies in Maryland State

宮本　浩紀
Hiroki MIYAMOTO

はじめに——問題の所在と本論文の射程
1　アメリカにおけるいじめの発生状況
2　反いじめ法施策の歴史的位置づけとその現況
　　(1) 反いじめ法施策策定に至る経緯とその意義
　　(2) 反いじめ法施策の現況と分析指標の抽出
3　メリーランド州におけるいじめ対応の枠組み
　　(1) メリーランド州における反いじめ法施策策定の経緯
　　(2) 学校管理者によるいじめ対応の枠組み
おわりに

はじめに——問題の所在と本論文の射程

　大人はすべての子どもが安全な環境において学べる権利を保障しなければならない。アメリカ合衆国連邦政府／各地域の教育行政機関／民間教育団体を通じて行われてきた「いじめ」[1]問題対策はこの理念を実現する具体的手立ての一つとして位置づけられる。現今アメリカにおいて講じられているいじめ問題対策は、学校環境の安全性確保を基にした子どもの権利保護を最重要目的として位置づけた上で、その一つの成果として「反いじめ法 (anti-bullying laws)」の制定をなすに至った。反いじめ法及び「反いじめ施策 (anti-bullying policies)」(以後、本論文では主として両者を総括した「反いじめ法施策 (anti-bullying laws and policies)」という名称を用いる) は、同国建国以来続けられてきた人種・信条・宗教・性

みやもと　ひろき　信州豊南短期大学

別等による差別・区別の解消を目指す歴史を引き継ぐ形で、学校におけるいじめ問題の解決とその枠組み構築を義務づけたものとして位置づけられる。

反いじめ法施策は、いじめの定義やいじめ問題解決のための施策の構想、いじめ事象の記録保存、教職員に対する研修等の項目に基づいて構成される。連邦教育省（U.S. Department of Education）が掲げた反いじめ法制定において考慮すべき主要項目は、各州で制定される反いじめ法の適用対象はもとより、全米に共通した対応を生み出すことが期待されている[2]。反いじめ法は、1999年にジョージア州において制定されて以降、2017年現在全米50州に広がっている。このことは、同国におけるいじめ問題への注目度の高さを証するものであるといえる（Federal Partners in Bullying Prevention, 2014；stopbullying.gov, 2017）。そのように、法的枠組みの構築を通じた各ステイクホルダー（具体的には、教職員、学校関係者、各地域の教育行政機関（Local Educational Agency）が含まれる）の役割規定の下、個々のいじめ事象に共通する事前・事後対応の明文化を目指す教育政策は、同問題を解決に導く一つの筋道として妥当性と有効性を有している。

その一方、先行研究を通じて反いじめ法施策には種々の疑問点が認められることも指摘されてきた。大別するならば、それは次の三点に集約される。第一の疑問点は、全米各州の教育行政機関による反いじめ法施策の策定以降、いじめ事象に関係する児童生徒及び教職員の行動における変化の有無を問うものである（Limber & Small, 2003；Hatzenbuehler et al. 2015；Ramirez et al., 2016）。この第一点目は、反いじめ法施策の策定といじめの発生件数との間に相関を見出す議論と重なる形で、同法施策の目的と効果をも問うものとして位置づけられる。第二の疑問点は、反いじめ法施策で講じられる対策の効果検証に関するものである（Hatzenbuehler et al. 2015）。これは、2002年以降連邦教育省所管の下、教育分野におけるエビデンス蓄積がなされてきた歴史的経緯を踏まえる形で、同法施策に関する効果検証の必要性を問うものである。概ね2000年以降、各種行政施策の妥当性を検証することの必要性が富に論じられていることに鑑みたとき[3]、いじめ問題対応に関する効果検証の実施もまた検討すべき重要な論点であるといえる。第三の疑問点は、いじめを定義することの困難さについて問うものである（Cornell & Limber, 2015）。これは、"そもそも子どもの言動に関していじめかそうでないかを区別することは明確になされ得るものなのか"という問いに

112　論　文

換言できる。ここから敷衍して、"いじめと「単なるからかい（ordinary teasing）」を区別することは可能なのか"、あるいは"いじめ事象が生じる人的関係や環境要因をあらかじめ詳細に規定することは可能なのか"といった種々の疑問が導き出されることになる。これらの点が未解決の場合、反いじめ法施策によって規定される各ステイクホルダーの役割は結果的に曖昧なものとなり、いじめ事象への対応における一貫性と共通性が喪失してしまうおそれがある。連邦教育省は、各州の教育行政機関によって定められる反いじめ法施策においていじめの定義を示すことを推奨しているとはいえ、いじめに関する定義の困難さが反いじめ法施策の意義を揺るがしかねない問題であるということは考慮すべき重要な論点である。

　以上述べてきた反いじめ法施策の意義と課題を踏まえた上で、本論文では、教職員や地域の教育行政機関に代表されるいじめ問題の解決に携わる各ステイクホルダーの法的位置づけの明確化、及びその役割が有効に機能するための枠組み構築に関する考察を行う。具体的には、第一節において、アメリカにおけるいじめの発生状況を概観し、続く第二節において、反いじめ法施策の位置づけとその現況について検討する。続く第三節では、主としていじめ事象が発生した際における各ステイクホルダーの役割について考察し、最後に、アメリカの反いじめ法施策が日本の教育政策に与える示唆について明らかにする。とりわけ、同法施策の内容を、現在その有効性が疑問視され法改正が検討されている「いじめ防止対策推進法」の内容と照らし合わせることにより、日本におけるいじめ問題解決のための今後の展望を得ることとしたい。なお、反いじめ法施策に関する先行研究としては、井樋（2007）によるもの等があげられる[4]。同論文は、連邦教育省や連邦保健・福祉省を中心とした政府によるいじめ問題対策、民間教育団体の提示した反いじめ法制定に関する基準、及びデラウェア州学校いじめ防止法、以上三点に関する分析から構成されている。本論文は、井樋による論文発表以後における反いじめ法施策の策定状況を踏まえた上で、全米各州の反いじめ法施策の相互比較、及びそれに基づき抽出したメリーランド州の反いじめ法施策の分析を行うものである。いじめ事象対応に関わるステイクホルダーの具体的役割を取り上げることにより、日本のいじめ事象対応の課題を抽出することを目指したい。

1　アメリカにおけるいじめの発生状況

　まず初めに、アメリカにおけるいじめ問題の現状について把握すべく、いじめの発生状況について分析する。分析対象は2016年に全米教育統計センター（National Center for Education Statistics）が公開したいじめ被害生徒（12-18歳）に対する聞き取り調査の統計データ（2005年-2015年）である[5]。それによると、全米各州のいじめに関する統計データが収集されるようになった2005年には、過去6か月の間にいじめ被害を受けたと回答した生徒が28.1%（男：27.1%、女：29.2%）であったのに対して、2015年に同様の質問を行ったところ、いじめ被害を受けたと回答した生徒の割合は20.8%（男：18.8%、女：22.8%）に減少したという[6]。このようないじめ被害に関する調査を受けて、連邦教育省は、2015年3月15日付の記事でいじめ対策の効果を再確認する主旨の教育長官の言葉を掲載しているものの、その効果については実際には留保して捉えることが求められよう[7]。というのも、同じく連邦教育省に属する教育科学研究所（Institute of Education Sciences）[8]が「いじめ被害を受けたことのある生徒の64%は自らの被害を報告しなかった」[9]という研究成果を示しているからである。統計データと現実との間にギャップがあること、及びその程度によっては統計データ自体の信憑性も疑われることになることに鑑みるならば、連邦教育省の見解は留保して捉える必要がある。

　だがここでは、統計調査の把握・分析には困難が伴うという一般論を引き出すのではなく、そもそも"なぜそのようにいじめ被害を報告しない生徒が多数を占めるのか"という疑問を提起したい。この問いを起点として、"いじめの被害生徒による報告を阻害する要因は何なのか"、"反いじめ法施策ではいじめ事象に関する情報提供に関していかなる規定がなされているのか"、"各ステイクホルダーによるいじめの被害対応に関していかなる枠組みが構築されているのか"、という本論文の主命題に関わる論点を引き出しておきたい。

114　論　文

2　反いじめ法施策の歴史的位置づけとその現況

　続いてアメリカにおける反いじめ法施策の歴史的位置づけとその現況について読み解いていく。同法施策が連邦政府の政策といかなる位置づけにあるか、その策定の歴史的意義は何であるかについて確認することが目的である。

(1)　反いじめ法施策策定に至る経緯とその意義

　2017年現在、連邦政府によるいじめ問題に関する連邦法の制定はなされていない。だが、子どもの権利保護に関する歴史的経緯を紐解くならば、それは決してまったく手つかずのまま放置されてきたわけではないことが認められる。すなわち、いじめに類する行為に関して徐々に法的整備がなされてきた歴史が認められるのである[10]。

　その最たるものとして、公民権運動の進展に伴って1964年に制定された「公民権法（Title IV and Title VI of the Civil Rights Act of 1964）」があげられる。同法によって、アメリカ人たる者は人種・信条・性別・宗教・皮膚の色等に関わりなく合衆国憲法修正第13、14条[11]によって与えられる基本的人権を保障されることが認められるに至った。同法の規定により、第一に、すべての子どもはいかなる場合においても学校環境下における差別行為の被害を受ける余地を有していないこと、第二に、子どもが通う学校（主としてその管理責任者）は、差別行為の被害を受けた児童生徒を保護しその権利が損なわれないよう適切に対処しなければならないこと、以上二点が認められることになった。公民権法が人権保護の必要性を明示したことをいじめ問題に敷衍させるならば、すでに1960年代の時点において、同問題に関する各ステイクホルダーの対応義務が明示されていたことが確認できよう。その後も子どもの人権保護の法的枠組みは、1972年の「教育改正法第9編（Title IX of the Education Amendments of 1972）」の制定を通じた男女差別の禁止、及び1973年の「リハビリテーション法第504条（Section 504 of the Rehabilitation Act of 1973）」の制定を通じた障害者差別の禁止等により、徐々に拡充されていった経緯が認められる。

　以上のような歴史的経緯を踏まえるならば、"何故にその後数十年の時を経て反いじめ法施策が策定されなければならなかったのか"という疑問が生じる

ことになる。それがなくとも各ステイクホルダーによる子どもの権利保護の法的枠組みはすでに存立していたように見受けられるからである。

だがこの点こそ、先に述べたいじめ問題に関わる主要な論点と重なるところである。すなわち、公民権法その他の法律を通じて、子どもを含めた全アメリカ人の基本的人権保護が規定されたものの、そこではまずもって教師及び学校関係者を主体とする差別行為の禁止が念頭に置かれていたのであって、子ども同士の人的関係によって生じる問題は注目されていなかったのである。その証拠に、1999年にジョージア州によって全米で初めて反いじめ法が制定された背景には、同年に起こったコロラド州のコロンバイン高校銃乱射事件が大きく関わっていたとされている[12]。反いじめ法の制定ないし反いじめ施策の策定がその後全米各州に急速に拡大した背景には、同国におけるいじめ問題への注目度の高さとともに、1960年代以降徐々に続けられてきた基本的人権の保護という文脈にいじめ問題が含められた事情が認められるのである。これと並行して、2001年に成立したNCLB法（No Child Left Behind Act of 2001）において、学校安全の確保が連邦政府の教育目標として掲げられたこと、及びいじめ被害に関する追跡調査を通じて、当該児童生徒による心理的・身体的健康面における大きな損傷が指摘されたことも策定の主要因である（Srabstein, 2008）[13]。これらのことを踏まえるならば、反いじめ法施策に基づくいじめ問題への対応の是非が論じられた背景には、公民権法の制定以後続けられてきた基本的人権の保護、新たに注目されてきた学校環境の保全に基づく子どもの学習権の保障、そして子どもの心理的・身体的健康の保持、以上三つの観点に基づく教育政策の画期が見出される。

(2) 反いじめ法施策の現況と分析指標の抽出

それでは、反いじめ法施策は2017年現在いかなる広がりを有しているのだろうか。以下はその策定状況を示したものである（**表1**参照）[14]。表1から、50州すべてにおいて少なくとも反いじめ法が制定されていることが確認できる。反いじめ法に加えて反いじめ施策も定められている州にしてもその数は39州に及ぶ。ここで簡潔に反いじめ法と反いじめ施策の違いについて述べておくならば、次のとおりである。一般的な法律用語の範疇では、「法律（law）」に対

116 論 文

表1 アメリカにおける反いじめ法施策の策定状況

	州（特別区*・地域*）
反いじめ法のみ （11州）	アリゾナ、アーカンサス、コロラド、ハワイ、イリノイ、カンザス、ミシシッピ、ミズーリ、ノースカロライナ、ペンシルバニア、テキサス
反いじめ施策のみ （1地域）	北マリアナ諸島*
反いじめ法 及び 反いじめ施策 （39州、1特別区、3地域）	アラバマ、アラスカ、カリフォルニア、コネティカット、デラウェア、フロリダ、ジョージア、アイダホ、インディアナ、アイオワ、ケンタッキー、ルイジアナ、メーン、メリーランド、マサチューセッツ、ミシガン、ミネソタ、モンタナ、ネブラスカ、ネバダ、ニューハンプシャー、ニュージャージー、ニューメキシコ、ニューヨーク、ノースダコタ、オハイオ、オクラホマ、オレゴン、ロードアイランド、サウスカリフォルニア、サウスダコタ、テネシー、ユタ、ヴァーモント、ヴァージニア、ワシントン、ウェストヴァージニア、ウィスコンシン、ワイオミング、コロンビア特別区*、グアム*、プエルトリコ*、ヴァージン諸島*
いずれもなし （1地域）	アメリカ領サモア*
データなし （3地域）	ミクロネシア連邦*、マーシャル諸島*、パラオ*

出所）stopbullying.gov ホームページより転載。

して「施策／ポリシー（policy）」とは、規定された決まりを遵守しなかった場合においても罰則を伴わないものを指す。ただし、反いじめ法施策の場合には少し事情が異なり、基本的には反いじめ法を基盤としてその内容に関するさらに詳細な規定を示す文書として反いじめ施策が策定されていることが確認される。そのような同法施策の位置づけに鑑みるならば、双方が定められている州の数の多さは、各州においていじめ発生時における具体的な対処を示す必要性が認められていることを証しているといえよう。

　考察すべきはその内実についてである。2012年に The Network for Public Health Law によって作成された Anti-Bullying Statutes 50 State Compilation を基に筆者なりに分析するならば、全米各州で策定されている反いじめ法施策の内実を分析する指標として、①基本的人権の範疇、②いじめ事象の報告義務、③いじめ事象における事後対応の対象、④いじめ行為の認定基準、⑤いじめの定義、以上五つが注目される[15]。

　①の「基本的人権の範疇」について検討するにあたり、反いじめ法施策が策定されるに至った背景として、教職員や地域の教育行政機関による子どもの基

本的人権保護の必要性が論議されてきた歴史的経緯の存在を思い起こしたい。現代では、人種・信条・性別・宗教・皮膚の色を巡って徐々に拡大してきた基本的人権の範疇にさらに、ジェンダーや性的マイノリティ、あるいは家族構成、家庭の社会的・経済的・文化的状況なども含まれる。このことを考慮するならば、基本的人権の範疇に具体的にどのような要素が含められているかについては反いじめ法施策に関する評価の重要な指標であるといえるだろう。続いて、②の「報告義務に関する規定」は、いじめ事象が発生した際に、各ステイクホルダーに対していかなる対応を義務づけているかを示したものである。いじめ事象に直接対処するのは現場の教職員であるとはいえ、州及び郡の地域教育行政機関がその取り組みを総括し分析する枠組みが構築されているか否かは重要なポイントである。③の「いじめ事象の事後対応の対象」については、事後対応の対象としていじめの被害児童生徒と加害児童生徒の双方を含んでいるかが鍵となる。いじめ問題の対応にあたっては、まずもって当該の問題の影響を最小限にとどめるべく、いじめ被害者に対する迅速な支援が必要とされるのはいうまでもない。それに加えて、今後のいじめ問題の発生を抑制すべく、いじめ加害者に対する事後指導及び教育的支援も必要となる。州によってその対応内容に相違があるため、双方を事後対応の対象に含んでいる州のうち、例えばカウンセリングなどの手法を取り入れているかが重要な指標となる。④については、一回限りの行為をもいじめ事象の該当対象とする厳格な基準が定められていること、⑤については、明確ないじめ定義がなされていることが重要な判断材料として位置づけられる。

　以上①〜⑤の指標に基づいて全米各州における反いじめ法施策の内実について比較検討した結果、本論文ではメリーランド州の規定について参照することとしたい[16]。同州の反いじめ法施策は、連邦教育省が作成した報告書において、反いじめ法施策に含められるべき16からなる主要項目の全てを網羅していること、及び各項目について"0（記載なし）／1（記載あり・内容不足）／2（記載あり・内容充実）"の3点満点で行った評価作業を通じて概ね最高評価を獲得していることが認められる（USDE, 2011）[17]。

118 論文

3 メリーランド州におけるいじめ対応の枠組み

(1) メリーランド州における反いじめ法施策策定の経緯

本論文の目的に鑑み、以下、メリーランド州における反いじめ法施策において子どもの権利保護の枠組みがいかなる形で構築されているか検討していく。まず初めに、簡潔にメリーランド州における反いじめ法施策策定の経緯について確認しておきたい。

メリーランド州では、州内の子どもの健康及び幸福（well-being）に関する保護・増進が目指される中で、いじめ行為（harassment and bullying）に関する対応が不十分であるという問題認識が示されていた（MSDE, 2005）[18]。同州教育委員会は、学校安全の確保を掲げたNCLB法成立以前の1999年に「学校安全に関する規定（COMAR 13A.01.04, School Safety）」を策定していたものの、いじめ事象に関しては十分な対応方針が示されていなかった。そこで同州教育省は、州内24学校区においていじめのない安全な学校環境の創出を目指すべく、2005年における反いじめ法の制定、さらに2009年（2016年に改訂版作成）における反いじめ施策（"Maryland's Model Policy To Address Bullying, Harassment, or Intimidation"）の策定を実現させ、いじめ事象に対する行政施策を充実させてきた[19]。

(2) 学校管理者によるいじめ対応の枠組み
①いじめ事象に対する種々の報告手順

いじめ事象は複雑多様な条件の下に発生するものである。だがその対応・解決にあたっては場当たり的な方針が適用されるべきではなく、共通した手順が構築されている必要がある。メリーランド州の反いじめ法（Education Article § 7-424.）[20]では、その大枠として、(a) 同法において用いられる用語の定義、(b) 各ステイクホルダー（当該児童生徒、教職員、学校関係者、州教育省、各郡教育委員会）によるいじめ事象の報告手順、(c) いじめ事象報告書に記載されるべき内容項目、(d) 各郡教育委員会による報告書の作成・提出手順、(e) 州教育省による報告書の作成・提出手順、という以上5つの規定がなされている。いじめ事象に関する行政手続きが具体的に決定されていることにより、州内におけるいじめ対応の統一化が目指されている。加えて、報告書が**表2**の内容項目を

反いじめ法施策に基づく子どもの権利保護の枠組み　119

表2　メリーランド州反いじめ法に記された報告書に記載すべき内容項目

[1] (特定可能な場合には) 被害者及び加害者を明らかにすること
[2] 被害者及び加害者の年齢を示すこと
[3] (加害者の具体的な行為を含めて) いじめ行為の状況を記すこと
[4] いじめ行為の場所を記すこと
[5] いじめ行為によって生じた身体面での傷害について明らかにすること／傷害の程度及び影響について記すこと
[6] (特定可能な場合には) 被害者による学校の欠席日数を記すこと
[7] 心理面での傷害がある場合には、被害者及びその家族の求める処置を具体的に記すこと
[8] 報告書への必要事項記載方法及び当該資料の送付先を示すこと

出所) Maryland State, Education Article § 7-424.

満たす形で作成されることにより、記録の保存及び事後対応の迅速さも図られている。

　以上の内容項目を満たした報告書は、郡教育委員会による収集・提出（※州教育省への提出期日は毎年1月31日）の後、州教育省による連邦上院委員会（Senate Education, Health, and Environmental Affairs Committee and the House Ways and Means Committee）への提出（※提出期日は毎年3月31日）という流れの中に位置づけられている。

　さらに同州では、児童生徒（あるいは保護者、近親者）がいじめ事象を報告するフォームが準備されており、いじめ被害者／目撃者／加害者の氏名・年齢・所属学校、いじめ事象の発生日時、具体的ないじめ行為、いじめ事象の発生場所、被害者に対するいじめ事象の影響等についてチェックリスト及び自由記述欄で学校長に報告できる仕組みが整っている。このように、行政機関の行ういじめ事象に関する情報収集とそれに基づく報告書の作成手順が明確に規定されていることに加え、いじめ事象に直接的・間接的に関係する児童生徒が教職員に報告・伝達する仕組みが確立されていることが重要である。これらは、同問題に対する迅速な事後対応に資するのみならず、いじめ事象対応を体系化させる上での基礎資料ともなる重要な取り組みであるといえよう。

②いじめ事象に関する各ステイクホルダーの役割

　各学校に在職する教職員及び学校管理者の役割に関しては、同州の反いじめ施策に記されている[21]。教職員は、①児童生徒から報告がなされた場合、安全

性確保に資するべく即座にかつ適切にいじめ事象に関する調査及び介入を行うこと、②児童生徒がいじめ事象の報告をする意志を有している場合には、当該の児童生徒に対して報告しやすく安全でプライバシーの保たれた状況において年齢に合った聞き取りを行うこと、③必要な場合には、児童生徒による報告書の記載を手助けすること、以上三つの規定が定められている。

　学校管理者は、いじめ事象が起こった際に、①適正な手続きに基づいて、報告書が提出されてから2日以内（ないし可能な限り迅速）に調査を行うこと、②いじめ事象がどのような経緯でなされたか、他に当該の事象に関与している者がいないか確認すること、③即座にいじめ被害者及びいじめ加害者の保護者に通知を行うこと、④いじめ対応に関するマニュアルに基づいていかなる事後対応を行うか決定すること、⑤いじめ事象に関する文書記録を残すとともに、学校管理に携わる関係者を交えた話し合いを行うこと、⑥当該いじめ事象に関する調査後2週間以内に、いじめ被害者といじめ加害者との間に個別に話し合いの場を設けること、以上六つの規定が定められている。

　メリーランド州では、以上のようないじめ事象への対応手順の下、各プロセスに携わるステイクホルダーの役割が明確に規定されていることが特徴的である。すなわち、教職員の主たる役割は、いじめ事象の報告を受けての実地調査と介入及びその聞き取り調査に、学校管理者の主たる役割は、調査の決定、保護者への通知、及び文書記録の保存にある。いじめ事象の対応にあたっては、第一に、責任の所在を明らかにした明確な役割分担、第二に、いじめ事象に関わる調査及び事後対応に関する具体的な諸規定、第三に、児童生徒ないしその保護者の意見の尊重及び迅速かつ複数回にわたる協議の実施、以上三つの観点が保持されているか否かが重要であることが確認できよう。本論文の第一節の末尾に示した論点との関わりで述べるならば、教職員の役割規定において、いじめ事象に関わる児童生徒の支援が周到に準備されている点が注目される。これはいじめ被害者のプライバシー保護はもとより、その解決を最大限に目指す手続きの一環であるといえよう。以上のような具体的な諸規定がいじめ事象への対応を充実させる方途であることはいうまでもない。

おわりに

　以上、本論文では、アメリカで策定されている反いじめ法施策の内容について検討してきた。とりわけ本論文の主眼としたところは、教職員を代表とする学校管理に携わる各ステイクホルダーによるいじめ対応の枠組みについて分析することにあった。最後に簡潔にではあるが、日本におけるいじめ問題対応、とりわけ2013年に制定された「いじめ防止対策推進法」の内実及びその改定に対する示唆について示しておきたい。

　先ほど、メリーランド州におけるいじめ対応から三つの特質を引き出した。それに鑑みるならば、日本におけるいじめ問題対応及びその中核をなす「いじめ防止対策推進法」には、まず第一に、いじめ対応に際して学校管理に携わる各ステイクホルダーの役割が具体的には規定されていないこと、第二に、いじめ対応に関する具体的な手続き（例えば報告期限の期日やフォーマットの作成・開示など）が示されていないこと、第三に、児童生徒ないし保護者の人権及びその意見表明権を最大限に尊重する仕組みは設けられていないこと、以上三点の課題が認められるところである。たしかに、いじめ防止対策推進法においても、例えば第一章 総則の第八条には、以下のような規定が示されてはいる。

　「第八条　学校及び学校の教職員は、基本理念にのっとり、当該学校に在籍する児童等の保護者、地域住民、児童相談所その他の関係者との連携を図りつつ、学校全体でいじめの防止及び早期発見に取り組むとともに、当該学校に在籍する児童等がいじめを受けていると思われるときは、適切かつ迅速にこれに対処する責務を有する。」

　このような規定は他のステイクホルダーに関してもなされているものの、メリーランド州のように具体的に教職員・学校管理者・教育委員会がいかなる処置をなすべきかについては記されていないし、またいじめ事象をステイクホルダーの内のだれがどのような形で報告するかに関しても規定はなされていない。日本において度重なるいじめ対応の遅れが認められる背景には、このような具体的諸規定がなされていないことが最大の理由としてあげられることだろう。責任の所在と具体的役割の不明確な現況は、子どもの基本的人権及び学習権の保障を困難にさせるものである。また、被害者及びその保護者の権利を正当に

122 論 文

尊重しないままに、加害行為が「いじめ」であるか否かをめぐって認識の相違が生まれる現実も存在する。本考察に鑑みるならば、今後日本のいじめ事象対応の改善にあたっては、全米各州で策定されている反いじめ法施策に類似した子どもの基本的人権保護の枠組みを導入することが求められているといえよう。アメリカ（とくに本論文で取り上げたメリーランド州）の取り組みは効果のある具体的な対応施策の策定に示唆的である。

注

1　アメリカで用いられている「いじめ」を指す用語としては、bullyingやharassment、intimidationなどがあげられる。連邦教育省の示した区別を抜粋して示すならば次のとおりである（U.S. Department of Education, *Analysis of State Bullying Laws and Policies*, 2011,p.17.）。harassmentとbullyingに一般的な意味の上では大きな違いはなく互換的に用いられる用語であるものの、法的には大きな違いがある。すなわち、harassmentはbullyingと異なり、被害者の特徴（人種、出自、性別、障害）を意図的に考慮に入れた上でなされる行為を差し、場合によっては連邦法である公民権法を侵害したものとみなされる。歴史的にharassmentの方が長く使用されてきた用語であることに基づいて、一応のところこのような区別がなされていることが認められる。

　だが、Saccoらが2012年当時に各州が制定した反いじめ法を分析したところ、①いじめを指す用語としてharassmentのみを用いたのが3州、②bullyingとharassmentを定義することなく用いたのが4州、③bullyingとharassmentを別の定義で用いたのが5州、④bullyingとharassmentを定義した上で区別なく用いたのが16州、⑤harassとharassmentを同じ定義で用いたのが5州というように、実際には用語の使用に共通した規定はない（Sacco, DT., Silbaugh K., Corredor F., Casey J., Doherty, D., *An Overview of State Anti-Bullying Legislation and Other Related Laws*, 2012, Born This Way Foundation & the Berkman Center for Internet & Society, pp.A-14－A-17.）。本論文では、上記の事情及び「いじめ」を表す行為が子どもの基本的人権を侵害するものであるという理解が広がってきた経緯を踏まえ、「いじめ」を表す用語であるharassmentとbullyingを区別せずに用いる。また、「いじめ」の定義に関しては、連邦教育省の提示した「力関係の均等でない一人ないしそれ以上の生徒から下記の行為を受けること。（笑い者になること，うわさの犠牲者となること，暴力を伴った脅しを受けること，押されたり、足を引っかけられたり、つばを吐きかけられること，望んでない行為を強制されること，故意に活動から除外されること，故意に持ち物を破壊されること。）」を用いる。

2　連邦教育省は反いじめ法制定において考慮されるべき主要項目として、①反いじめ法の目的、②適用範囲、③禁止行為、④いじめの被害児童・生徒の特徴、⑤いじめ施策の見直しと実行、⑥いじめ施策の内容、⑦反いじめ法施策に関するレビュー、

⑧情報伝達の仕組み、⑨教職員に対する指導・研修の実施、⑩透明性の確保と検証、⑪他の法的救済手段の確保、以上11項目をあげている（U.S. Department of Education, *op.cit.*, pp.21-36.）

　また、反いじめ法施策に関する主要文献としては、以下のものがあげられる。

・Limber, SP. and Small, MA., State laws and policies to address bullying in schools, *School Psych Rev*, 2003; 32（3）.

・Cornell, D., Limber, SPLaw and Policy on the Concept of Bullying at School

・Hatzenbuehler, ML., Schwab-Reese, L., Ranapurwala, SI., Hertz, MF., Ramirez, MR.. Associations between anti-bullying policies and bullying: an analysis of 25 states, *JAMA Pediatr,* 2015; 169（10）.

・Ramirez, M., Eyck, PT., Peek-Asa, C., Onwuachi-Willig, A. and Cavanaugh, JE., Evaluation of Iowa's anti-bullying law, *Injury Epidemiology*, 2016; 3（15）.

3　教育分野におけるエビデンス産出の必要性を論じた先行研究としては、以下のものがあげられる。

・Elliott, J.（2001）.Making Evidence-based Practice Educational, British Educational Research Journal, vol.27, no.5, pp.555-574.

・Slavin, R.E.（2002）.Evidence-based education policies: Transforming educational practices and research, Educational Researcher, vol.31, no.7, pp.15-21.

・田辺智子「エビデンスに基づく教育―アメリカの教育改革とWhat Works Clearinghouseの動向―」『日本評価研究』、第6巻第1号、2006年。

・岩崎久美子「教育におけるエビデンスに基づく政策―新たな展開と課題」『日本評価研究』第10巻第1号、2010年。

4　反いじめ法施策に関する先行研究としては、以下の者があげられる。

・井桶三枝子「アメリカ合衆国におけるいじめ防止対応―連邦によるアプローチと州の反いじめ法制定の動き―」『外国の立法』、233号所収、国立国会図書館調査及び立法考査局、2007年、pp.4-15。

・宮本浩紀「アメリカにおける「ネットいじめ」(cyber-bullying)の現状と対策―各州による「いじめ法施策」策定の特質と課題に焦点を当てて―」『アメリカ教育学会紀要』第23号、2012年、pp.27-39。

5　全米教育統計センター（National Center for Education Statistics）が公開した本データは、2013年に連邦司法省所管の全米犯罪被害調査（the National Crime Victimization Survey）のうちの学校犯罪部門（School Crime Supplement）によって収集された統計資料を基にして作成されたものである。

6　National Center for Education Statistics, Digest of Education Statistics-Chapter 2. Elementary and Secondary Education: 230 School Environment: Table 230.40. "Percentage of students ages 12-18 who reported being bullied at school during the school year, by type of bullying and selected student and school characteristics: Selected years, 2005 through

124 論　文

2015"をもとに筆者作成（https://nces.ed.gov/programs/digest/d16/tables/dt16_230.40.asp）。

7　U.S. Department of Education, New Data Show a Decline in School-based Bullying, 2015. を 参 照（https://www.ed.gov/news/press-releases/new-data-show-decline-school-based-bullying）。

8　通常IESと略称される教育科学研究所（Institute of Education Sciences」 は、2002年に制定されたEducation Sciences Reform Actを受けて設立された組織である。IESの下部組織の一つに先述の全米教育統計センター（NCES）が存在する。

9　Petrosino, A., Guckenburg, S., DeVoe, J., Hanson, T., What characteristics of bullying, bullying victims, and schools are associated with increased reporting of bullying to school officials?, 2010, *Issues & Answers*, Regional Educational Laboratory, No.92, p.4.

10　反いじめ法施策策定の前史については、stopbullyingのホームページにおける "Federal Laws"の内容を参照（https://www.stopbullying.gov/laws/federal/index.html）。

11　該当するアメリカ合衆国憲法の規定は以下のとおり。

・合衆国憲法修正第13条第1節

「奴隷制もしくは自発的でない隷属は、アメリカ合衆国内およびその法が及ぶ如何なる場所でも、存在してはならない。ただし犯罪者であって関連する者が正当と認めた場合の罰とするときを除く。」

・合衆国憲法修正第14条第1節

「アメリカ合衆国で生まれ、あるいは帰化した者、およびその司法権に属することになった者全ては、アメリカ合衆国の市民であり、その住む州の市民である。如何なる州もアメリカ合衆国の市民の特権あるいは免除権を制限する法を作り、あるいは強制してはならない。また、如何なる州も法の適正手続き無しに個人の生命、自由あるいは財産を奪ってはならない。さらに、その司法権の範囲で個人に対する法の平等保護を否定してはならない。」

12　U.S. Department of Education, op.cit., p.ix.

13　この点については、例えば以下の論文を参照。Srabstein, JC., Berkman, BE., Pyntikova, E., Antibullying Legislation: A Public Health Perspective, 2008, *Journal of Adolescent Health* 42, pp.11-30.

14　stobbullying.gov, *op.cit.*

15　The Network for Public Health Law, Anti-Bullying Statutes 50 State Compilation, 2012.

16　メリーランド州の教育施策において、効果検証に基づく取り組みが広く実施されていることも選定を後押ししたものである。とりわけ、道徳教育政策として、地域における体験活動を通じた子どもの道徳性育成（いわゆるサービス・ラーニング（service learning）に基づく人格教育（character education））が目指されていること、及びその効果検証を行う枠組みが構築されていることが注目される。いじめ問題の解決は事後的な対応のみならず、安全な学校環境の創出という日常の取り組みを通してもなされるものである以上、双方の施策を連携して進めている同州の教育政策に

ついて考察することは大いに研究の余地があるといえる。

17　U.S. Department of Education, *op.cit.*, pp.40-44. なお、メリーランド州と同様に16の主要項目すべてを反いじめ法施策に含んでいる州としてはニュージャージー州があげられる。また、それら各項目の合計点数が多い州を上から順に、ニュージャージー州・ワシントン州(30点)、メリーランド州(28点)、ニューハンプシャー州(27点)、フロリダ州(24点)、マサチューセッツ州・ウェストヴァージニア州(23点)と続く。

18　Maryland State Department of Education (MSDE), *Report on Bullying & Harassment in Maryland Public Schools,* 2005, pp.5-6.

19　Maryland State Department of Education (MSDE), *Maryland's Model Policy To Address Bullying, Harassment, or Intimidation,* 2016.

20　Maryland State, Education Article § 7-424. 報告書に記載する人物としては、児童生徒、その保護者、その近縁者、学校管理に関係する教職員が想定されている。

21　Maryland State Department of Education (MSDE), *Maryland's Model Policy To Address Bullying, Harassment, or Intimidation,* pp.6-7. なお、各地域の学校区の役割に関しては、①学校管理者に対する報告書送付の環境整備、②電子媒体を通じた報告書提出環境の創出、③児童生徒及びその保護者に対する報告書フォーマットの送付、④いじめ事象の情報収集及び報告書提出、⑤各学校に対する報告書要旨の提供、以上5つが規定されている。

126 論 文

Anti-Bullying Laws and Policies protecting Child's Right:
School-Based Bullying Prevention Strategies in Maryland State

Abstract

Bullying is one of the most considered problems in American schools. Although both school staffs and department of education struggle to reduce school bullying, the number of students who have experienced bullying, harassment and victimization remains unchanged. We must not forget that bullying deprived child of basic human rights in the first place. If bully doesn't remember such thing, we must have the recognition that all children have a right to learn in a safe school.

First of all, the situation was made by US Department of Education (USDE) based on the results of the No Child Left Behind Act of 2001 (NCLB). In 1999 New Jersey State had enacted the first anti-bullying law to address bullying in the United States. Too notorious event occurred in that year: The shooting at Columbine High School. In order to make an environment of safety school, the movement to protect children from bullying, harassment and victimization is done. After the spread of such movement, as of May 2017 all states in the United States had enacted it. Besides, 39 states had anti-bullying policies. Despite the spread of anti-bullying laws and policies, some students kill by oneself. This report has an attention to the effectiveness of anti-bullying laws and policies, the structure of addressing bullying incidents occurred in a school, and the strategies of reducing students' risk of being bullied.

Although Japan established an anti-bullying law to prevent bullying in 2013, little is known about the effectiveness of that law. Considering the American bullying prevention strategies, we can get some idea to reflect Japanese anti-bullying laws and the measure against bullying, harassment and victimization.

論文

アメリカの幼児教育の質保証政策における教師の専門性
——経験されたカリキュラムの観点からの分析

Analyzing concept of teacher's profession in standard-based early childhood curriculum reform in the United States from a perspective of lived-experience

竹村　直記
Naoki TAKEMURA

1　アメリカの幼児教育のカリキュラムの質保証政策における
　　教師の専門性
2　経験されたカリキュラムにおける教師の専門性
3　幼児教育の質保証政策の下で実践を行う教師のナラティブの分析
　　(1) 子どもの経験の意味の探究
　　(2) 質保証政策における教師の専門性への作用の探究
4　幼児教育の質保証政策における教師の専門性と教師が求める
　　専門性のギャップ

1　アメリカの幼児教育のカリキュラムの質保証政策における教師の専門性

　アメリカにおいて幼児教育の質保証政策は1980年代より、連邦政府を中心として進められてきた。1983年の『危機に立つ国家』(A nation at Risk) の発表を皮切りに1986年から1988年にかけての連邦議会は「保育の議会」と呼ばれるほどに、数多くの幼児教育関係議案が提出されるものとなった[1]。この議会の幼児教育政策に対する関心の高まりを背景として、1989年にNational Governor's Associationが採択した『By the year 2000』には、2000年までに教育分野において達成すべき8つのGoalの1つとして、すべての子どもの義務教育学校で学ぶ準備を整えることが明記された。主に私的な実践として行われてきた幼児教育の営みに対して、連邦政府が積極的に介入することを宣言したのである。この連邦政府による幼児教育の質保証に向けた取り組みは、幼児教育のカリキュラ

たけむら　なおき　ブリティッシュ・コロンビア大学大学院生

ム・スタンダードを巡る議論を喚起した。

　幼児教育の質保証政策の準備が進められた1980年代においてカリキュラム・スタンダードについて議論が行われた[2]。その議論において中心的な役割を果たしたのはDevelopmentalists[3]であった。Developmentalistsは、児童心理学の伝統を引き継ぎ、大学に実験場としての幼児教室を持ち、それぞれ異なる発達の概念に基づいて幼児教育のカリキュラムの開発を行っていた[4]。Developmentalistsは、幼児教育のカリキュラムにおける子どもの成長の過程を、発達の過程において認識することを試みていたのである[5]。

　カリキュラム・スタンダードに関する議論においてDevelopmentalistsは、それぞれの開発したカリキュラムをその効率性の観点から議論した。その議論を経て、質保証政策はアーノルド・ゲゼル研究所が開発した「レディネス（Readiness）」をスタンダードとして採用した[6]。1991年にThe National School Readiness Task Forceは、子どもの「学校へのレディネス（Readiness for school）」を保証するべきであるとのレポートを提出し、測定するべき目標についての指針を出した[7]。それを受けてNational Education Goals Panel（以下では、NEGPと略記する）は、1990年代を通して各州における目標の達成度を調査し、1999年に調査の成果を反映した幼児教育のカリキュラム・スタンダードを示したのである[8]。

　質保証政策における教師の専門性において、子どもの発達の進度を測定すること、そしてその到達度に応じた環境を準備することが重要視されることとなった。質保証政策においては、カリキュラム・スタンダードに基づいて、プログラムの効果を測定する方針がとられた。その際に効果測定の基準とされたのは、子どものレディネスの到達度であり、そのために子どもの発達の進度を測定するアセスメントが重要視されることとなった[9]。アセスメントを実施するために、子どもの発達の進度を知ることの目的が問われた。議論の焦点は、レディネスとは子どもに学校に対する準備を整えることを求めるものなのか、学校が子どもの発達に合わせた環境を整えることなのかということである。それに対して、NEGPにおいて主な役割を担ったケーガン（Kagan, Sharon）は、個人の発達の発生的なエクセレンスと、環境によって変化する要因を区別することを提起した[10]。ケーガンは、子どものレディネスの到達度と幼児教育施設の質を関連づけ、子どものレディネスの到達度を幼児教育の質を示す指標として

捉えることを求めたのである[11]。

　質保証政策は、私的な営みとしての幼児教育への介入を目指す政策である、しかし、公的なプログラムはターゲット・アプローチに基づいて実施されており、その目的であるユニバーサル・アプローチは実現されていない[12]。実際に質保証政策は、主に公的な幼児教育プログラムである3-4歳の子どもに対して連邦政府によるヘッド・スタートプログラム、また州政府によるプリスクール・プログラムに対して実施されている[13]。そこでは、カリキュラム・スタンダードの基準としてレディネスが採用されており、幼児教育施設には子どものレディネスの到達度評価に対するアカウンタビリティが求められている[14]。近年この公的なプログラムの拡充を図り子どものレディネスの到達度を幼児教育の質と関連づけ施設を評価する指標を採用する州は増加の傾向にある[15]。そのプログラムでは、幼児の発達の進度を測定し、それに応じて教育を行うことが教師の専門性として求められているのである。

　本論文の目的は、幼児教育のカリキュラムの質保証政策が前提としている教師の専門性の捉え方を、経験されたカリキュラム論の観点より捉え直すことである。本論文では、教師のナラティブを通して、幼児教育のカリキュラムの質保証政策の推進する政策を教師の立場から捉えることを試みる。そのことにより、質保証政策が要求する教師の専門性と教師が求める専門性とのギャップを捉えることができる。また、教師のナラティブに着目することによって、質保証政策が教師の専門性に与えている作用について考察することができる。

　幼児教育の質保証政策における教師の専門性に関して、すでにいくつかの観点からその問題点が指摘されている。文化心理学の観点からは、施設が立地する地域に先行して存在する子ども像と「レディネス」が前提とする子ども像を比較することで、その子ども像が発達心理学のディシプリンに基づいて標準化された対象であることが指摘されている[16]。質保証政策は子どもの成長の過程を発達の過程として捉えるため、成長の文化的過程を見落としているとする。批判的教育学の観点からは、質保証政策が要求する評価を中心としたシステムが、教師の自律性を制約し、脱技能化を進める可能性が指摘されている[17]。また、評価論の観点からは、目標に基づく評価とは異なる真正な評価の方法が提示されており、それと比較して、質保証政策の評価における評価者の思考様式

130 論 文

の特殊性が指摘されている[18]。これらの批判は質保証政策が求める教師の専門性の複数の問題点を指摘するものである。それは、はじめに子どもの成長の過程を発達の過程として捉えることによって見落とされる事柄があるということである。次に、教師の自律性を損なうことである。最後に教師が子どもの経験を理解する視点を限定することである。これらの批判には問題点がある。それは、教師が子どもの経験を理解するその視点それ自体についての考察がないことである。質保証政策が想定している教師の専門性と教師が求める専門性とのギャップについて考察することは、その教師の視点を明らかにすることにつながるのである。

2　経験されたカリキュラムにおける教師の専門性

　経験されたカリキュラム論は、アメリカにおいて1970年代に、カリキュラムの再概念化主義者を中心に広く議論されるようになった。当時カリキュラム研究の主流派は、Tyler's rational に代表されるカリキュラム開発の原理を自明視していた。Tyler's rational においてカリキュラムの開発の過程は、教育目的を明確化し、学習活動の選定・学習活動の組織化を行い、そのプログラムの評価基準を作成し、成果を測定することとして形式化されている。Tyler's rational において実践は、目標に基づく評価と改善のサイクルへと還元される。このカリキュラム計画を重視する方針に対して、パイナー（Pinar, William）に代表される再概念化主義者は、個々人のカリキュラムに対する経験の総体、すなわち経験されたカリキュラムを理解することが必要であるとした。再概念化主義者は、カリキュラム研究者の過度に合理主義的な態度を批判したのである[19]。

　カリキュラムの再概念化の運動は、子どもの経験という広大なフィールドを明らかにする一方で、教師の経験についても探究を進めてきた。経験されたカリキュラム論においては、教師は単にカリキュラム計画を実行する主体ではなく、カリキュラムを経験する主体へと捉え直される。それは教師を、授業技術の良し悪しだけではなく、子どもや同僚との間で経験したことなど、経験の総体において捉え直すということである。この新たな研究の潮流の中で、特にカナダのカリキュラム研究者は、現象学に基づいて、教師の経験を捉える概念を

探究してきたのである。

　経験されたカリキュラム論は、個人の主観的な経験の過程、そして個人の内面的な価値創造の過程を研究の対象とする。主体は、経験における知覚、認識、他者経験などの形相との志向的な関わりを通して、自らの、経験への意味付与の過程それ自体を探究する存在である。トロント大学オンタリオ教育研究所のシルヴァーズ（Silvers, Ronald）は、主体によるその探究の過程について「現象学的な反省に取り組むものは、世界に対する自然的な態度に疑いを持つようにと注意される必要はない。人が、自己自身について語ること、あるいはその意味を解釈することが、現象学的反省の取り組みなのである[20]」と述べる。シルヴァーズは現象学に通じることだけではなく、自らの経験について書くこと、語ることが反省の機会となるとする。さらにシルヴァーズは、教師の経験における意味の領域についても説明する。「われわれが知ることができるのは、われわれの仕事についての隠れた知識である。あるいは、われわれの教えることそれ自体において習慣化された事柄についてである。話すことでわれわれが知ることができることは何か、という問いは、私たちに教えることについて解釈したり、それを概念化したりするために、自らの教師としての経験の意味を、探究することを要求している[21]」。教えるという教師に特有の経験を理解するためには、その経験を意味の水準において探究する必要がある。話すことあるいは書くことは、その内容について、そこへあらかじめ与えられた意味を明るみに出す。ブラウン（Brown, Robert）によれば、アルバータ大学のアオキ（Aoki, Ted）は教師として「生きるためには、われわれは自らの志向的な関わりに基づいて生きることが必要である。それは自らを非知の実存へと導く際の不安へと開かれた態度を持ち、世界と創造的な相互作用を結ぶために志向性を、意味を明らかにする力として用いることに自覚的になることである[22]」と指摘する。私たちは、自らが何について考えているのかを明らかにした時に、自分自身が経験へと与えていた意味に気がつくことになる。そのことは、同時に自らを新たな意味を求める営みへと導くのである。

　このように、カナダの研究者らは教師を自らの経験の意味を探求する存在として仮定した。次に彼らは、教師の存在を学校という状況の中において捉えることを試みた。アオキは、たとえ教師がその主観性において自由であるとして

132 論 文

も、教師がどのような場所で生きているのかに注意を払うべきであるとする。学校という特定の時間・空間を生きる教師は、「教育的状況（Pedagogical situation）」を生きている。アオキによれば、教師は計画としてのカリキュラムと経験されたカリキュラムの双方に方向づけられた注意を払う存在（Dwelling in the zone of between curriculum-as-plan and curriculum-as-lived-experience）である[23]。

　計画としてのカリキュラム（Curriculum-as-plan）は、合理的なカリキュラム研究者の観点から見た「教育的状況」を指している。この観点からは、教師はその状況において、カリキュラム計画の媒介者（Teacher-as-installer）として捉えられている。教師が求められることは、計画を決められたルーティンに従って遂行する効率性である。またこの観点においては、子どもの育つ姿はあらかじめ描かれている。教師の実践に向かう態度は管理的である。そこでは、例えば観察・分析・評価の手続きにしたがって、子どもの活動を学習行動のカテゴリーへと分類することや、発達の進度を示す特定の行動へと置き変えることなどの行為が促される[24]。

　一方の経験されたカリキュラム（Curriculum-as-lived-experience）は、経験されたカリキュラムの観点から見た「教育的状況」を指している。この観点において教師は、カリキュラムを経験する存在である。経験されたカリキュラムの内容は、教師が経験を振り返り、理解した内容に一致する。経験されたカリキュラムにおいて子どもの育つ姿は、教師による意味付けを通して明らかにされる。したがって、子どもの育つ姿は、教師の意味付ける観点によって異なる[25]。

　学校において教師は「教育的状況」を生きている。それは、計画されたカリキュラムと、経験されたカリキュラムの2つの地平を生きることである。その2つの地平の延長に見える事象は異なっており、矛盾する場合もある。アオキは、学校における教師の営みの特徴は自らの実存を葛藤状態に置くことであると考えたのである。公的な場で働くことを選択した教師は、計画されたカリキュラムに対する責任を要求されている。一方で、教師は教師として自らの存在を賭けているために、教師としてどのようにあるかということが自らの生き方にまで影響を与える。このようにカナダの研究者達は、教師をカリキュラム計画と経験されたカリキュラムの間で引き裂かれた存在として捉えた。

3 幼児教育の質保証政策の下で実践を行う教師のナラティブの分析

　本節では、幼児教育の質保証政策の下で実践を行う教師のナラティブを、経験されたカリキュラムの観点より分析する。本節で分析するナラティブは、2015年にアイルランドで開かれた Reconceptualizing early childhood education 学会にて、映像作品「Seeing children[26]」として発表されたものである。ショート・エッセイとして発表されたこの映像作品は、メリッサ（Melissa Scott）がアメリカのシカゴの幼児教育施設にて評価システム「Teaching strategy Gold」を用いた経験について表現したものである[27]。「Teaching strategy Gold」は、0歳から5歳までの年齢層にいる子どもの発達の進度を測定し、その結果をカリキュラムへとフィードバックすることを補助するツールである。その測定は、100枚以上写真を撮影し、それを子どもの活動をあらかじめ示された行動目標に照らして数的な指標に還元し、標準と比較することで行われる。評価する領域は、①社会－情動的領域、②身体運動領域、③言語領域、④認知領域、⑤リテラシーの領域、⑥数の領域、⑦科学技術の領域、⑧社会科学の領域、⑨芸術の領域、⑩英語学習者の言語領域の10の領域である[28]。

　映像作品「Seeing children」の概要を紹介する。メリッサは主として「The map project」と名付けたプロジェクト活動を取り上げ、子どもの経験をどのように理解することが良いのかを問いかける。作品の主題はタイトルにあるように、子どもへの見方に置かれている。彼女は、子どもへの見方を2通り描き分ける。1つ目は、「Teaching strategy Gold」によって要求されている見方である。もう1つは、それとは別の見方である。実際に、彼女はある子どもの経験を2通りの見方から語り分けることを通して、「Teaching strategy Gold」とは異なる見方が可能であることを示そうとする。映像の意味することは、見るものの解釈に委ねられている。しかし、彼女の意図することは映像の背景に暗示されている。そこには、部分的にサイレンなどネガティブなイメージを喚起する音声が挿入されている。彼女が質保証政策に対して批判的立場をとっていることは明らかである。

　以下では、映像作品「Seeing children」の連続した映像を、「教育的状況」の概念を援用し分析する。第二節で説明した通り、学校に置いて教師は「教育的

状況」に置かれている。すなわち、教師は計画としてのカリキュラムと経験されたカリキュラムの双方を生きている。そして、教師の日常において「教育的状況」は、双方が渾然一体としたものとして存在する。しかし、作者は「Seeing children」において、「教育的状況」に対して2つの見方を区別して示している。それは、計画としてのカリキュラムと経験されたカリキュラムの関係が変化し、「教育的状況」が特殊化したことを示唆する。

　ここでは、仮にメリッサが「Teaching strategy Gold」が要求する見方にしたがって描いた場面を、計画としてのカリキュラムを生きる教師の経験を描いたものとして捉える。そして、別の見方を計画としてのカリキュラムの外部に位置付けられた経験として、経験されたカリキュラムを描いたものとして捉える。彼女は場面を描き分ける際に1人の子どもの経験を描きなおすという手法を取っている。第1にその場面に着目し、双方の見方の子どもの経験への意味付けの違いを明らかにする。第2に、質保証政策が「教育的状況」に与えている作用について探究する。

(1) 子どもの経験の意味の探究

場面1

　メリッサは、カメラのレンズを通して、教室で子どもたちが活動する姿を追っている。子どもたちの活動は様々である。

　場面が切り替わり、メリッサは自室のパーソナル・コンピューターの前に座っている。コンピューターの画面上では、作業手順についての指示内容が順番に示されていく。「クラスを指定すること」「子どもを指名すること」、「発達の領域を選択すること」である。　彼女は、教室にいた1人の子どもの様子を思い浮かべる。そしてコンピューターの指示に従い子どもの識別情報を打ち込む。「3歳男の子」「アジア系」。

　メリッサは、カメラを通して男の子の活動を追っていく。教室の壁には大判の白い紙が貼られている。男の子はその紙に向かってカラーテープを貼り付けていく。またその男の子の隣では、女の子が1人同じ紙にカラーテープを貼っている。

　メリッサは男の子の活動をコンピューター上に表示されている到達度目標の

分類表の項目に応じて分析していく。男の子の活動は、クラスの女の子と同じ活動である。また、一定の時間その子の側で活動している。したがって、男の子の発達の程度は目標2の「肯定的な関係性を作ること、またそれを維持すること」に関してレベル2の水準にある。また、カラーテープを壁に掛けられた大判の紙に貼ることができている。この活動は運動機能の発達を示すものでもある。彼女は、男の子の活動を行動へと置き換えて次々に当てはめていく。

考察

　第1の場面においてメリッサは、「Teaching strategy Gold」が要求する観察し、分析し、評価するという手続きに従って「The map project」のある場面を説明している。指示に従って、彼女は子どもを3歳の男の子という一般的な名称へと還元する。さらに、子どもの活動を行動へと捉え直して、到達度目標の分類表に当てはめていく。彼女は、子どもを発達の進度の観点から理解することを試みている。このように、「Teaching strategy Gold」の視点に限定して自らの経験を描く彼女は、第1の場面において計画としてのカリキュラムの地平に立ち経験を対象化していると言える。

場面2

　教室で子どもを映像に収める自らの姿、床に膝を立てて子どもに話しかける様子など、教室におけるメリッサ自身の姿が映される。また、自宅の部屋にて子どもに読んだ本を改めて見つめる姿も映し出される。

　その映像にメリッサの語りが挿入される。「子どもたちが私と共に過ごしたすべての時間を覚えているということに、しばしば驚かされる。あなたは、私のズボンに空いた穴を知っているだろうか。私はその穴を1ヶ月そして1年間と地面に膝を着き続けることで獲得した」。「また、子どもたちは私たちが読んだ絵本のことを覚えている。またその絵本は私を様々な思い出へと誘ってくれる」。

　メリッサは、「ある子どもを紹介したい」と言う。画面には教室の壁に3歳のアジア系の男の子がカラーテープを貼り付ける映像が現れる。「彼の名前はベン。私がこの活動を記録している時、彼はちょうど3歳になったところだっ

た。彼の全てをこの映像から説明することは難しい。映像の中で彼は地図を見ている。この映像から1ヶ月前、彼とクラスメイトは地図を作り始めた。その活動は、教室の床で始まった。それは少々長すぎるビニールテープをつなぎ合わせて作られた地図であった。子どもたちは、その活動を続けたいと言った。私と同僚は地図を壁に移す方法を見つけた。それから、子どもたちは改めて幹線道路、街路を作り、またそれぞれの物語を語った」。

　画面では、ベンがカメラに向かって何かを話している場面を写している。メリッサは再び話し始める。「ベンについて知らなければならないことがある。私たちの施設に来たばかりの頃、彼はしばらく大変な時間を過ごしていた。彼は英語を十分に話すことができなかった。彼は教室の中に同じく韓国語を話すことができるたった1人の友達を作ることしかできなかった。この映像で記録されている場面は特別な場面である。それは彼がその友達とは違う子どもの側で、共に遊ぶことができた最初の時間なのである。そして、その行為はとても上手くいった」。

　場面が切り替わり、ベンはテーブルの上に画用紙に描かれた絵を載せている。そのテーブルは下方から光が当てられている。メリッサは話し続けている。「ベンが初めて人の顔を描いたところである。彼は自らが描いている絵について話している。しかし、カメラでは彼の口もとを写すことができなかった。彼は話している。幼い妹の顔を描いていることを。彼の家には赤ちゃんがいたのだ。その妹を彼は描いているのだ」。映像には、他の子どもの様子が映し出されていく。子どもは絵を描いている。別の子どもが線を描いている。また別の子どもがパソコンに映し出された自分自身の姿に驚いている。

考察

　第2の場面においてメリッサは、教室だけでなく、自宅における自らの姿も映し出している。子どもと共に過ごした共時的な時間に加えて、反省によって呼び起こされる通時的な時間も描かれている。ズボンにあいた穴は、彼女に特定の時空間を想起させる。ここには、第1の場面で描かれた場所そして時間も含まれている。彼女は、経験されたカリキュラムの地平に立ち経験を対象化しているのである。

第1の場面と第2の場面の総合考察

　ベンという3歳のアジア人の男の子の教室における活動の過程が、異なる2つの視点から紹介されている。第1の場面では、彼は、3歳のアジア人の男の子として説明されている。第2の場面では子どもは、ベンという固有名を持つ存在として説明される。また彼の活動は、前者では行動として説明されており、後者では生活史と関連させて行為として説明されている。彼は第1の場面では、子どもの一般的な発達の視点から説明されており、後者においてはそれとは異なる視点より語られている。

　後者の視点について明確化することが必要である。メリッサによれば当時ベンは韓国からアメリカに渡って来た直後であった。また新しい環境である教室において子ども達と十分に関わることができずにいたのである。彼女は彼がこの自らの困難に向き合う過程を、彼が妹の顔を画用紙に描いて見せた場面を通して把握している。それは彼が彼女に自らの家でのあり方を伝えようとした場面である。映像作品においてこの場面は、彼女に「The map project」が彼にとってどのような意味を持つ活動であったのかを開示するきっかけとなった場面である。

　ここで、「The map project」の概要を改めて説明する必要がある。メリッサは映像作品「Seeing children」とは別に、この実践の経緯を自分自身のホームページにおいて紹介している[29]。その記録によれば、このプロジェクトは参加者に教室と家を関連づけることを求める活動である。つまり、子どもが活動に参加する過程には、ビニールテープが貼られた床を自らの街の地図であることを理解することが含まれるのである。実際に教師である彼女も、はじめ床に貼られたビニールテープを子どもの活動を数多くある一過性の行動の1つと判断したと告白している。メリッサも、ビニールテープを初めから地図を一部と見立てることはなかったのである。

　映像作品の冒頭には、ベンがクラスの他の子どもと関わることができている場面が描かれており、その場面において彼は「The map project」に参加している。それは、彼が自分自身の家での在り方について紹介することを受け入れたということである。その過程が彼の自らの困難に向き合う過程となっている。

映像作品において、メリッサは彼が韓国語で関わることができる子どもとのみ
交流することができたということを報告している。このことから彼女は、彼の
困難の原因の一つとして言語の障害を把握している。当時彼は英語を用いて自
らの思いを表すことやクラスの子どもと関わることができずにいたのである。
またそれは彼にとって教室が、英語を話すことができない場所というだけでは
なく、韓国語を話せない場所でもあったということを指している。このことは、
教室でのあり方と家でのあり方が分離していたことを示す一つの例である。つ
まり彼が向き合っていた困難とは、家でのあり方と教室でのあり方の間に生じ
ていた違いなのである。韓国語を話せる子どもと関わることは、彼にとって教
室でのあり方と自らの家でのあり方を関係付ける試みである。彼は困難に向き
合う過程において、教室の中に自らの家でのあり方を持ち込もうとしていたの
である。

　メリッサの視点は、ベンの活動をアイデンティティの形成の過程として捉え
るものである。彼は家での在り方と教室での在り方の違いに際して困難を感じ
ている。エリクソン（Erik H. Erikson）は、自己のあり方が所属集団の中で承認
されたものであること、そしてそれが集団の求める時間感覚に適しているとい
う自覚に基づいてセルフ・アイデンティティが形成されるとする[30]。ベンが家
において形成したセルフ・アイデンティティは、教室において承認されず複数
化したのである。

　また、エリクソンはセルフ・アイデンティティを統合する働きを持つエゴ・
アイデンティティを仮定する。エゴ・アイデンティティは、自己充実の感覚と
集団に承認されることの折り合いを可能にする。その折り合いを実現する具体
的な活動が遊びである[31]。描画に基づけば、ベンは家において妹に対して兄で
あるということを、セルフ・アイデンティティのイメージとして保持している。
それに対して、教室においては具体的なイメージを形成することができていな
い。彼にとって「The map project」は、家におけるセルフ・アイデンティティ
と教室でのあり方を橋渡しする遊びである。彼は、この活動においてエゴ・ア
イデンティティの働きを通してセルフ・アイデンティティの統一を試みている
のである。

　メリッサにおいて「The map project」は、ベンの活動をアイデンティティ形

成の視点から理解をするためのきっかけを与えた活動である。描画を通して彼女に与えられたこのベンの経験を意味付ける視点は、現在から過去へと遡り、教室におけるベンの経験を照らしてゆく。このように、彼の教室への適応過程を理解する鍵は経験されたカリキュラムの地平に存在していたのである。

このように行動目標へと還元された発達の進度としての経験の意味付けと、アイデンティティの形成としての経験の意味付けが、映像作品の中で示されている。さらに、質保証政策のもとでこの双方がどのように関係づけられているのかをメリッサは映像作品の中で示そうとしている。

(2) 質保証政策における教師の専門性への作用の探究

場面3

メリッサは飛行機に乗り眼下の海を見下ろしている。そして場面1で行った自らの行為に対して、「私は、子どもたちに起きていることについて打ち込んだデータがどう使われるのかわからない。しかし、誰かがそのデータを見ているのだろう。それは私でないことは確かだ。私が教える際に必要としているのはそのようなデータではない」と述べる。

場面が切り替わる。海の表面には、機影が写っている。画面では映像の再生と巻き戻しが交互に行われる。その度に、飛行機は海面に近づくこと、離れることの場面が交互に繰り返される。

その表現について「飛行機が空高くある時、観察者はその全体を見ることができるが、細部を捉えることはできない。もし、観察者が近づくことがなければ、詳細を知ることは決してできない」。「私が必要としている行為はこの飛行機の反復運動のような運動だ。しかしその運動は、今は容易にできない」と説明が挿入される。

次の場面では、花が2つの形態で提示される。1つ目の場面では、それは花束としてあり、全体として表されている。2つ目の場面では、花は類別されて一列に並べられており、部分として表されている。

その表現に対してメリッサは「私はときどき子どもを（花束）として見る。またときどき子どもを（類別された花の1つ）として見る。その見方は子どものある面に対して正確な見方であり、同時に間違った見方でもある。そして、共

に正しい見方である」。「私はある見方をとる。そして別の見方をする。花の1つ1つに焦点を当てる。花束を見る際に様々なレンズを試す」。「幼児教育の教師に期待すべき能力は、子どもを複数の見方の間に置く能力である」と述べる。

考察

　場面3は、メリッサによって子どもを見ることについての省察の過程が示されている。ここで彼女は、飛行機と花を比喩として用いることによって、自らの置かれた状況を相対化しようと試みる。

　飛行機の比喩においてメリッサは、海面に映る機影を自らの実践へと例えている。そして、飛行機の着陸場面を何度も繰り返し再生することで、機影の拡大と縮小の運動を描いている。彼女は、この拡大と縮小の対比表現において、それぞれに対応するものを明示してはいない。ただ、その往復運動が困難になっていることは指摘する。

　花の比喩では、花は1人の子どもを表す表象である。花束として、子どもを見ることは、複数の子供を同時に見ることではなく、子どもの経験を理解することを表している。種類別に分類された花は、発達のそれぞれの領域へと還元して子どもを見ることを示している。

　また第3の場面においては、質保証政策が引き起こしている状況に対するメリッサの反発が示されている。飛行機を用いた比喩において彼女は、教師の視点と質保証のシステム管理者の視点の両者を行き来する運動を表現している。「もし、観察者が近づくことがなければ、詳細を知ることは決してできない」と言う彼女は、システム管理者が、機影を縮小された姿において見ることによって、拡大された姿をも捉えることはできないと指摘する。

　花を用いた比喩は、そのような質保証政策の盲点を指摘する。質保証のシステム管理者は、類別された花、すなわち発達の観点から子どもの経験を捉えることで、幼児教育における子どもの姿そのものを捉えているとする。そこでは、花束として表象された子どもの経験の全体は見えないままである。この幼児教育に対する限定された見方が、質保証政策においてシステム管理者から教師に対して要求される。

　ここには計画されたカリキュラムの地平と経験されたカリキュラムの地平が、

後者を前者へ還元することで同一視されるという、質保証政策において特殊化された「教育的状況」が描かれている。この状況において、質保証のシステム管理者が見落としている飛行機の機影を拡大して見ることと、子どもを花束として見ることは、共に教師によって経験されたカリキュラムの地平において探究される事柄である。それは、質保証政策のシステム管理者が、教師から知ることのできる地平である。にもかかわらず両者の視点を管理者の視点へと還元した上に質保証政策における教師の専門性が成立しているのである。

4 幼児教育の質保証政策における教師の専門性と教師が求める専門性のギャップ

　本論文では、幼児教育の質保証政策下における教師の専門性を経験されたカリキュラムの観点から分析した。経験されたカリキュラム論において教師は、経験を捉える志向性それ自身を問い直し、経験に対する意味付けを探求する存在である。また、学校において教師は、「教育的状況」において葛藤状態に置かれており、その専門性は計画としてのカリキュラムと経験としてのカリキュラムの双方の地平の上に構築される。以上の前提に基づいて、メリッサの映像作品「Seeing children」を、幼児教育の質保証政策の下における教師の専門性が置かれている状況を表すものと捉えて分析した。

　質保証政策が要求する教師の専門性と教師が求める専門性とのギャップは、子どもを理解する視点の違いに端的に現れていた。メリッサは、ベンの経験を理解する際に、計画されたカリキュラムにおいて求められていた行動目標へと還元された発達の視点を否定し、アイデンティティ形成の視点を見出している。それは、行動目標へと還元された発達の視点が、子どもの経験を理解するのに適切ではなかったからである。一方で、その後メリッサは花の比喩を説明する場面では、発達の視点の重要性を認めている。質保証政策は、教師に子どもの成長の過程をレディネスという単一の視点から理解することを求めるが、実践において単一の視点は子どもの経験を理解する際に不十分なのである。

　質保証政策では、経験されたカリキュラムを計画されたカリキュラムへと還元する作用が働いており、そのことにより子どもを理解する視点が限定されている。ドール（Doll, William）は、このような作用をカリキュラムの単純化と指

142　論　文

摘し、複数の視点に基づく探求が必要であるとする[32]。質保証政策においては計画されたカリキュラムが全体として、経験されたカリキュラムがその部分として捉えられている。それに対して、教師にとって計画されたカリキュラムは、経験されたカリキュラムを理解する複数の視点の一つである。教師は、子どもの経験を理解する複数の視点を必要とし、「子どもを複数の見方の間に置く能力」を求めている。教師には計画されたカリキュラムを経験されたカリキュラムを部分として捉える必要性がある。

　1980年代から進められてきた連邦政府による幼児教育への介入政策は教育の機会均等を保証することを意図していた。しかし、それは実際において義務教育段階への接続に際して、子どもの発達の進度の到達度を保証する政策へとなった。この政策において、教師の専門性は、子どもの発達の進度を測定し、その到達度に応じた環境を準備することへと限定された。メリッサが例証したように、子どもの成長の姿を見つめるためには、複数の視点が必要であり、あらかじめ定めらえた視点では不十分である。幼児教育の質保証政策における教師の専門性において、経験されたカリキュラムを理解することそれ自体の重要性が認識される必要がある。

注

1　秋川陽一「近年のアメリカにおける幼児保育と保育者養成制度の改革動向―「全米幼児教育協会」の改革運動に着目して―」岩崎次男編『幼児保育制度の発展と保育者養成』玉川大学出版部、240-256頁、1995。

2　Spodek, Bernard and Brown, Patricia Clark. Curriculum Alternatives in Early Childhood Education: A Historical Perspective. Spodek, Bernard (Ed.) *Handbook of Research on the Education of Young Children*. New York: Toronto: Macmillan Pub. Co, 1993.

3　Kliebard, Herbert M. *The Struggle for the American Curriculum, 1893-1958. 3rd ed*. New York: Routledge Falmer, 2004.

4　Block, Marianne N. Critical Perspectives on the Historical Relationship Between Child Development and Early Childhood Education Research. Kessler, Shirley and Swadener, Beth B. (Eds.) *Reconceptualizing the Early Childhood Curriculum-Beginning the Dialogue-*. New York: Teachers college press. pp.3-20. 1992.

5　Weber, Evelyn. *The Kindergarten: Its Encounter with Educational Thought in America*. New York: Teachers College Press, 1969.

アメリカの幼児教育の質保証政策における教師の専門性　143

6　Graue, Elizabeth M. Meanings of Readiness and the Kindergarten Experience. Kessler, Shirley and Swadener, Beth B. (Eds.) *Reconceptualizing the Early Childhood Curriculum-Beginning the Dialogue-*. New York: Teachers college press, pp.62-90, 1992.

7　National Association of State Boards of education. *Caring Communities: Supporting young children and families* (Report of the National Task Force on School Readiness). Alexandria, 1991.

8　National Education Goals Panel. *The National Education Goals report: Building a nation of learners*, Washington, DCL U.S. Government Printing Office, 1999.

9　Shepard, Lorrie. and Graue, Elizabeth M. The Morass of School Readiness Screening: Research on Test Use and Test Validity. Spodek, Bernard (Ed.) *Handbook of Research on the Education of Young Children*. New York: Toronto: Macmillan Pub. Co, pp.293-305, 1993.

10　Kagan, Sharon L. Readiness 2000: Rethinking Rhetoric and Responsibility. *Phi Delta Kappan*.72 (4), pp.272-279, 1990.

11　Lynne Vermon-Feagans and Clancy Blair. Measurement of School Readiness. Early Education and Development, 17:1, pp.1-5, 2006, DoI:10.1207/s15566935eed1701_1.

12　Rose, Elizabeth. The Promise of Preschool. New York: Oxford University Press, 2010.

13　Sabol, Terri J. and Pianta, Robert C. The State of Young Children in the United States: School Readiness. Elizabeth, Votruba-Drzal. (Ed.). *Handbook of Early Childhood Development Programs, Practices, and Policies*. Hoboken, New Jersey: John Wiley & Sons, pp.3-17, 2017.

14　National Early Childhood Accountability Task Force. *Taking Stock: Assessing and Improving Early Childhood Learning and Program Quality*. Foundation For Child Development. The PEW Charitable Trust:The Joyce Foundation, 2007.

15　Steven, Barnett. Elizabeth, Votruba - Drzal. Eric, Dearing. and Megan, Carolan. Publicly Supported Early Care and Education Programs. Elizabeth, Votruba-Drzal. (Ed.). *Handbook of Early Childhood Development Programs, Practices, and Policies*. Hoboken, New Jersey: John Wiley & Sons, pp.163-186, 2017.

16　Fuller, Bruce. Margaret Bridges. and Seeta Pai. *Standardized Childhood: The Political and Cultural Struggle Over Early Education*. Stanford, Calif: Stanford University Press, 2007.

17　Susan, Grieshaber. Felicity, McArdle. Social Justice, Risk, and Imaginaries. Bloch, Marianne M. Swadener, Beth B. Cannella, Gaile. (Eds.). *Reconceptualizing Early Childhood Care & Education: A Reader: Critical Questions, New Imaginaries and Social Activism*. Beaverton: Ringgold Inc, pp. 89-98, 2014.

18　Luke, Allan. Woods, Annette. and Weir, Katie. *Curriculum, Syllabus Design and Equity-A Primer and Model*. Routledge, 2013.

19　Pinar, William. (Eds.). *Curriculum Theorizing-The Reconceptualist-*. Calif, Berkeley: McCUTCHAN Publishing Corporation, 1975.

20　Silvers, Ronald J. Teaching Phenomenology. *Phenomenology+Pedagogy*. 2 (1), p.23, 1984.

144 論 文

21　Ibid., p.18.

22　Pinar, William. Reynolds, William. Slattely, Patrick. & Taubman, Peter.（Eds.）. Understanding Curriculum as Phenomenological Text. *Understanding Curriculum*. New York: Peter Lang publishing, P.426, 2014.

23　Aoki, Ted. Teaching as Indwelling Between Two Curriculum worlds. Pinar, William. and Irwin, Rita.（Eds.）. *Curriculum in a New Key-The Collected Works of Ted T. Aoki*. Mahwah, N.J: Lawrence Erlbaum Associates, Publishers, pp.199-215, 2005.

24　Ibid., pp.159-160.

25　Ibid., pp.160-161.

26　Melissa, S. Crafting kids with my camera: using the essay film to trouble documentation and assessment practices in early childhood education. Movie presented at Reconceptualization Early Childhood Education Conference 2015. Institute of Technology Blanchardstown. Ireland. この映像作品は、映像共有サイト Vimeo にて公開されている。Melissa, S. *Seeing children*. https://vimeo.com/143630188.（最終閲覧日 2016/09/28）

27　Melissa, S. Website. http://manylander.wix.com/teaching-website#.（最終閲覧日2017/07/28）

28　Teaching Strategies. *Research Foundation: Teaching Strategies GOLD Assessment System*. Teaching Strategies, 2010. http://teachingstrategies.com/curriculum/research/.（最終閲覧日 2017/07/28）

29　Melissa, S. Website. http://manylander.wix.com/teaching-website#!projects/vstc1=the-map-project.（最終閲覧日2017/07/28）http://manylander.wix.com/teaching-website#!projects/vstc1=the-map-project

30　エリク・H.エリクソン、西平直・中島由恵訳「自我の発達と歴史的変化―臨床的な覚書」『アイデンティティとライフサイクル』誠信書房、pp.1-43、2011。

31　エリク・H.エリクソン、仁科弥生訳「玩具と理性」『幼児期と社会1』みすず書房、pp.266-316、1977。

32　Doll, William. Ghosts and the Curriculum. *Counterpoints* 151, 2002, pp.23-72.

Analyzing concept of teacher's profession in standard-based early childhood curriculum reform in the United States from a perspective of lived-experience

Abstract

The purpose of this study is to analyze concept of teacher's profession in standard-based early childhood curriculum reform in the United states from the perspective of lived-experience. Findings of this study come from a narrative case study of an early childhood teacher. The teacher worked in an early childhood institute at Chicago narrated her experience as the form of short cinema. Referring Ted T. Aoki's concept: Dwelling in the zone of between curriculum-as-plan and curriculum-as-lived-experience, this study articulates how the curriculum reform operate teacher's professional development and how teacher experiences the operation in their lived-experience. Specifically, this article highlights a gap between the model of professional development of the early childhood curriculum reform and the teacher's subjective process that is to understand meanings of children's experience. In addition, it addresses how teacher reflects on a conflict between the gap.

The first paragraph of this paper discusses with an idea of standard-based curriculum reform. Federal government started a discussion about standard-based early childhood curriculum reform from 1980's. At the end of the discussion, National education goals panel suggested that the standard-based curriculum should be organized in terms of the concept of readiness. The panel argued that the purpose of public early childhood education is to guarantee test scores beginning in the first or second grade. The panel established a new concept of teacher's profession. Early childhood teacher's essential abilities were limited to use assessment tools and to apply its results to their practice.

The second paragraph of this paper reviews the phenomenological curriculum theory. The phenomenological theorists in North America rejected both rationalism and empiricism and tried to understand experiences as lived of individuals. From this perspective, teaching in classroom is an orientation for teachers toward being in a specific situation. Ted, T Aoki conceptualized the situation as pedagogical situation. Teacher was understood as a being who was dwelling in the zone of between curriculum-as-plan and curriculum-as-lived-experience.

The third paragraph of this paper analyzes a narrative of an early childhood teacher from the perspective of phenomenological curriculum theory. The teacher described her lived-experience as the form of short cinema. She depicted her memory of a boy's activities who was her student. She attempted to understand his experience from two perspectives. In the first part, she reduced his activities into behaviors to measure his developmental levels using an assessment tool. In the second part, she understood his activities in classroom within his life world. She discovered that he tried to reconstruct identity formation through the activities. Through the inquiry, she realized the operation of standard-based curriculum reform on her pedagogical situation.

Teacher's lived-experience was disregarded in the reform. Since the horizon of curriculum-as-lived experience was restored into the horizon of curriculum-as-plan, in the operation of the reform, the teacher's inquiry that was described in second part of her cinema was ignoring. As a result, the reform disturbs teacher's opportunities to understand a process of children's growth.

書 評

赤星晋作
『アメリカの学校教育──教育思潮・制度・教師──』
(学文社、2017 年 8 月、1,800 円)

加藤　幸次
上智大学名誉教授

　私のように授業改善を通して学校改革を目指してきた者にとっては、近年の
アメリカ教育研究が連邦政府による「中央集権化」政策に偏ってなされている
のではないか、と感じられるのです。しかも、これまでの研究は連邦政府の中
央集権化政策を批判的かつ否定的にとらえ、アメリカ公教育の"破壊"につな
がるものと理解されているように思えるのです。こうした連邦政府による中央
集権化の動きだけに焦点を当てることは極めて偏ったものといいたいのです。
周知のように、アメリカ憲法修正第10条は、教育における「地方分権制」を
保証しているのです。すなわち、州政府（人民）による教育政策とそのもたら
してきている事柄についても、もっと研究すべきです。本書は、このもう1つ
の重要な研究分野、すなわち、地方分権制の下での州政府と学区の「教育改
革」に焦点を当てた興味深い一冊です。連邦政府の「中央集権化」政策と地方
分権制の下での各州政府と学区の「教育改革」は"共に"1960年代半ば始まり、
今日に至っているものです。結論的にいえば、前者は統一化・一様化の流れで
あり、後者は多様化・個別化の流れで、この2つの流れの混在こそアメリカ教
育の特色であるはずです。

　「まえがき」で、著者は次のようにいい、本書を表した意図を披歴していま
す。「連邦憲法修正第10条の規定にあるように、教育に関する一切の権限は州
に属する。そして実際には、学校制度、カリキュラム、教員採用、給与等かな
りの裁量が各学区にある。それで、各州・各学区でさまざまな教育改革が積極
的に展開されているのである。アメリカの教育においては、日本では考えられ
ないような改革が次々と実践し、絶えず挑戦的な改革を続けていくというのが
非常に興味深い。そういう点で、アメリカ教育はおもしろい。」

　実のところ、各州・各学区が行う教育改革が「さまざま」であるがために、

148　書　評

どのような視点から、どのようにみて、どのように「まとめるか」がむつかし
いのです。各州政府と学区の「教育改革」は多様で、かつ、個別的で、このこ
とが研究をむつかしくしているのではないか、と思われます。本書の章・節立
てからもわかるように、アメリカ教育の全体的な動きの中から「学校教育」に
焦点化しておられ、地域的にも、著者が客員研究員として留学され、長く研究
されてきた「フィラデルフィア学区」に特化されています。「フィラデルフィ
ア学区」での具体的な事例が全米的な動きの中に見事に位置づけられています。
私は、こうした研究の在り方を「定点観測」型と呼んできています。私の場合
は、ウィスコンシン州マディソン学区・オークレアー学区です。

　第1章、教育思潮、第2章、学校制度、第3章、学校教師、第4章、学校・地
域・大学のパートナーシップ、第5章、学校教育をめぐる一般市民の意識、エ
ピローグ：私はなぜ「教育学」を専攻したか、です。

　まず、学校教育を中心とした改革をアメリカの教育についての第2次世界大
戦後の教育観の流れの中で位置づけることから始めています。最後に、学校教
育を中心とした改革が一般市民にどう受けられているかという視点からまとめ
られています。

　教育思潮は、「学問中心のカリキュラム」から「人間中心の教育」を経て
「学力重視の教育」へと変遷してきている、ととらえられています。1981年、
共和党レーガン政権が誕生し、83年に『危機に立つ国家：教育改革への至上
命令』が公にされ、「学力重視の教育」への流れが始まり、今日に至っている
というのです。もちろん、共和党ブッシュ政権の下で、2002年に成立した
NCLB法（落ちこぼしのない教育法）は学力重視の流れを象徴するものです。学
校制度は複線型制度から単線型制度に、学校段階区分は8－4制から「ミドル
スクール」を含んだ5(6)－3(2)－4制へ変化しながら進んでおり、学校の種類
の多様化が進行していることに焦点が合わされています。「オルタナティブ・
スクール」、特に近年急増している「チャーター・スクール」について、全米
的な動きに触れ、同時に、「フィラデルフィア学区」を例に具体的に記述され
ているのです。

　周知のように、アメリカ独立宣言がなされた「フィラデルフィア学区」は、
人種や社会階層からいってアメリカの大都市を代表するような学区です。かつ

て、いち早く『壁のない学校』を開設し、また、一時、アメリカの伝統といってもよい「学区教育委員会」を廃止し、営利団体に教育をゆだねたりした学区です。ちなみに、「フィラデルフィア学区」には19万7979人の子どもたちが学び（うち、6万3441人がチャーター・スクールに学ぶ）、その人種構成はアフリカ系アメリカ人51.1%、ヒスパニック系アメリカ人19.5%、白人13.8%、アジア人8.0%、ネイティブアメリカン0,2%（2015年）です。読解と数学の州学力テストの結果はペンシルベニア州の平均点より極めて低く、低学力の問題は欠席率や停学率、非行などの問題と連動しているのです。

　第3章では、「フィラデルフィア学区」における教師の問題に触れ、常に、教師不足に悩ませられていて、臨時免許で教えている教師が多いのです。さらに、正式な免許をもった教師の割合が貧困レベルの低い学校にいくほど低いのです。第4章では、こうした学区での『フィラデルフィア教育基金』や『ウエスト・フィラデルフィア改善組織』による学校改革の努力が具体的に書かれていて、興味を引きます。前者は中等学校の改善計画であり、後者はペンシルバニア大学と地域が関わった「パートナーシップ」計画です。最後の章は、各州政府や学区が行ってきている、こうした学校改革に対する一般市民の意見について、"ギャロップ調査"の結果が語られているのですが、概して、一般市民は各州政府や学区が行ってきている学校改革に好意的です。標準学力テストについて「強調され過ぎている」（全国64%、親67%）と感じていて、同感したい気になります。

　エピローグ：「私はなぜ『教育学』を専攻したのか」が実に興味深いものです。私も数年前同じテーマで書いたことがありますが、改めて、自分の歩いてきた道は「ほろ苦い、しかし、納得したい」と感じるべきものと思います。私の場合、愛知学芸大学しか合格しなかったというだけです。授業料が安く、安定した仕事につけると両親が喜んでくれ、2年生での教育実習を経て、教師であることの面白さに気づいたことは幸運でした。

大会報告

アメリカ教育学会　第 28 回大会（埼玉大会）
大会プログラム　自由研究発表

会　期：2016 年 10 月 22 日（土）
会　場：埼玉大学　教育学

■自由研究発表　Ⅰ

10 月 25 日（土）　10:00〜12:05　教育学部　第 1 講義室
【司会】浅沼 茂（東京学芸大学）

10:00-10:25

ニューヨーク市教員評価――テスト政策とのかかわりから――

末藤 美津子（東洋学園大学）

10:25-10:50

Course Evaluation and CRM――FD or Survival Strategy――

Yohshimasa UEHARA（上原）(Representative of Oklahoma City University, Japan)

10:50-11:15

ニューヨーク市教員評価――教員サポートの仕組み――

吉野 舞起子（ティーチャーズ・カレッジ　エルベンウッド研究所）

11:15-11:40

道徳教育の考察Ⅱ――子どもの幸せにつながる取組み事例――

山田 敏子（名古屋学芸大学）

11:40-12:05

全体討議など

■自由研究発表　Ⅱ

10 月 25 日（土）　10:00〜12:05　教育学部　第 2 講義
【司会】杉村 美佳（上智大学短期大学）

10:00-10:25

「中国語－英語」双方向イマージョン・プログラムの保護者の選択理由
　　──カリフォルニア州・サンフランシスコ市を事例として──

　　　　　　　　　　　　　　王小丹（元大阪市立大学大学院・院生）

　　　　　　　　　　　　　　滝沢　潤（広島大学大学院、発表者）

10:25-10:50

C. W. ウォッシュバーンにおける集団的創造的活動の思想形成

　　　　　　　　　　　　　　宮野　尚（東京学芸大学大学院生）

10:50-11:15

ホーマー T. レーンとアメリカ進歩主義教育思想の関連性についての一考察
　　──アメリカン・スロイドの開発経緯に焦点を当てて──

　　　　　　　　　　　　　　岩田　弘志（熊本県阿蘇市立一の宮小学校）

11:15-11:40

MI 理論実践報告：グローバル人材育成を目指した取り組み

　　　　　　　　　　　　　　石渡　圭子（横浜国立大学）

11:40-12:05

全体討議など

※発表時間　発表20分・質疑5分　（計25分）

■**自由研究発表　III**

10月25日（土）　10:00～12:05　教育学部　第2講義室
　【司会】増田　修治（白梅学園大学）

10:00-10:25

バスルーム・ウォー
　　──現状報告：現代アメリカ・キャンパスのトランスジェンダー問題──

　　　　　　　　　　　　　　鵜浦　裕（文京学院大学外国語学部）

10:25-10:50

アメリカ合衆国オレゴン州の一小学校における図画工作授業の取組み

152 大会報告

——教師とPTAの連携による授業の活性化——

小沢 基弘（埼玉大学教育学部）

10:50-11:15

20世紀初頭アメリカ・Walden Schoolの実践研究
——美術をめぐる日米の視点の相違——

伊東 一誉（東京学芸大学大学院生）

11:15-11:40

アメリカ才能教育におけるRTIモデル活用の意義と課題

関内 偉一郎（筑波大学大学院生）

11:40-12:05

全体討議など

※発表時間　発表20分・質疑5分　（計25分）
※発表に必要な資料は、各自30部ご用意頂き、大会当日にご持参ください。

> **大会報告**

アメリカ教育学会　第 28 回大会（埼玉大会）
公開シンポジウム

現代アメリカにおける美術教育の動向
──ハーバード・プロジェクト・ゼロ、鑑賞教育、博物館教育から見る展望──

提案者：　　　　　　　　池内　慈朗（埼玉大学）
　　　　　　　　　　　　奥村　高明（聖徳大学）
　　　　　　　　　　　　梶原　健二（福岡女子短期大学）
司会・コーディネーター：加藤　幸次（上智大学名誉教授）

池内慈朗

　本学会では、アメリカ教育学のあらゆる方面より研究がなされている。しかしながら、その思潮の中で、進歩主義教育、「認知革命」以降、美術、芸術の教育に起こってきた、エリオット・アイズナーらの始めたDBAE運動などの流れはあまり知られていない。その後、エリオット・アイズナーは、教育界にも、質的評価、カノッスウァー・シップなど大きな影響を与えた。

　また、ネルソン・グッドマンが始め、ハワード・ガードナーを中心とした、ハーバード・プロジェクト・ゼロは、1967年より、現在まで、芸術的思考を人間の高次の認知活動と位置づけ芸術教育の基礎的研究を行ってきた。ハワード・ガードナーは、知能と創造性の研究から、1983年、MI理論（多重知能理論）を提示した。その後、MI理論は、世界中を魅了した。世界中で、MI理論の実践が行われている。また、創造性発達のUの字曲線を考慮した教育も影響を与えており、ハーバード・プロジェクト・ゼロは近年、イタリアのレッジョ・エミリアと共同研究を行うなどしている。アメリカ国内のみならず、海外でもハーバード・プロジェクト・ゼロの研究・実践は、高い評価を得ている。

奥村高明

　アメリカの美術館は、市民の啓蒙を行う「教育的な施設」としてはじまり、

当初は石膏像や複製ばかり収蔵していたが、工業化の波にのった富裕層の寄贈などにより、「本物の殿堂」と変わっている。その後、戦争や文化的な問い直しを経て、子どもだけでなく障害者や高齢者など、あらゆる層をターゲットに鑑賞活動を提供しているのが現在である。当初からドーセントを置き、文化や社会の変化に呼応しながら進化しているのが、アメリカの美術館教育であると見ることができる。

　アメリカの美術館教育における主なトピックは、「本物の殿堂」に対する「カルト・オブ・オリジナル」という批判が当初より続いていること。第一次世界大戦、第二次世界大戦、ベトナム戦争、ジェンダー、多文化主義など、様々な問い直しの波にさらされてきたこと。「美術という概念」の輸入から始まった、日本との違いの考察。1900年前後に世界中に散逸する石膏像が、いまでもその一部を東京藝術大学の石膏室で確認することができる、といったものである。また、ものを見ることに関しての興味深い例が示された。

梶原健二

　現行日本の高等教育政策の課題として挙げられている、地方大学の地域連携への手がかりとして、博物館教育が貢献できる事例について提示された。ニューメキシコ州サンタフェにあるアメリカン・インディアン美術大学における博物館学 (museum studies) は、ネイティブ・アメリカンの文化再生 (repatriation) をその使命としている。本シンポジウムにおいて、現地調査より、大学設立 (1962年) から今日に至るまでの教育内容の変容、および1992年大学美術館設立の経緯について紹介する。現行日本の高等教育政策の課題としてあげられている、地方大学の地域連携への手がかりとして、博物館教育が貢献できる事例を提示された。

　以上のように、大学との連携、学校外でのインフォーマルな美術教育、博物館教育を俯瞰してきたが、このような議論の成果として、本学会で議論してきた教育改革、教育制度、才能教育の幅広い意見を集約することで、美術教育、博物館教育の位置付けを再確認できればと願っている。

加藤幸次

　近年、日本において美術館教育や博物館教育、図書館教育といった、社会教育施設の重要性が指摘されている。本シンポジウムにおいて取り上げられたアメリカ美術教育と、そこに重要な役割を果たしてきた美術館・博物館の事例は、学校外におけるインフォーマルで柔軟な美術教育を担ってきたことを示しており、日本の美術教育実践に対する多様なアプローチを提示している。

　アメリカ教育史の中でも、美術教育は、美術として独立していなく、ガードナーのMI理論（多重知能理論）アイズナーの質的評価と教育全般と強くつながって発展してきたことが本シンポジウムでは、明らかになった。

（池内慈朗）

アメリカ教育学会紀要（アメリカ教育研究と暫くは両名併記）
投稿・審査要領

1．論文原稿（以下、原稿）は、未発表のものに限る（ただし、口頭発表、プリントの場合はこの限りではない）。

2．投稿申し込み受付日は、前年度（3月31日）までとする。論文タイトル、氏名、所属、（職名その他を含む）、連絡先住所をアメリカ教育学会紀要（アメリカ教育研究）編集委員会委員長宛にメールにて行う。前年度までに入会していない者、および会費未納者による投稿は受理されない。

3．前年度紀要に論文掲載された者の次年度の投稿は認めない。

4．原稿は、横書き、A4判とし、400字詰め原稿用紙換算（原稿用紙でなくてもよい）で40枚以内（註および図表も含め、16,000字以内。図表は、大きさにもよるが、たいてい1つ400字換算）とする。原稿の末頁に英文タイトルと英文アブストラクトをつける。なお、原稿の表現・註などについては、既刊のアメリカ教育学会紀要（アメリカ教育研究）を参照のこと。

5．英文アブストラクトは、500語程度とし、英文の校正については投稿者の責任とする。

6．原稿は、メディア媒体のワープロソフト（Word形式）データをアメリカ教育学会紀要（アメリカ教育研究）編集委員会委員長宛に送付する。なお、メディア媒体のワープロソフトは、Wordの文書形式が望ましい。

7．原稿には、氏名、所属を書き入れない。論文タイトル、氏名、所属（職名その他を含む）、連絡先を付記した別紙（1枚）を作成し、原稿とともにアメ

リカ教育学会紀要編集委員長宛にメールにて送付する。

8．原稿の送付期日は、毎年5月10日とする。また、原稿の返却はしない。

9．審査は、2人以上の審査員（理事と必要に応じて理事会が依頼した会員）に送付して行い（審査期間は4週間程度）、4つの基準（そのまま採用、一部修正、全面修正、不採用）で評定する。その結果の調整と最終決定は、理事会（編集委員会を兼ねる）で行い、投稿者に通知する。なお、掲載予定者の最終原稿の提出締切期日は、追って通知する。

10．執筆者による校正は原則として初校時のみとし、最終校正は事務局によって行う。

11．紀要発行は、毎年大会時とする。

12．掲載された者は、紀要発行に際し論文掲載協力料5,000円をアメリカ教育学会事務局に支払う。なお、研究論文の抜き刷り料金については、東信堂が窓口となり、論文掲載者個人により申し込みを受ける。抜き刷り料は、1万円を予定。

紀要編集委員長　浅沼　茂
投稿先メイルアドレスは、以下の通り
asanuma@u-gakugei.ac.jp

アメリカ教育学会会則・役員

第1章　総　則

第1条　本会はアメリカ教育学会（Japan Association of American Educational Studies）という。

第2条　本会はアメリカの教育に関する研究と普及をはかり，会員相互の連絡と協力を促進することを目的とする。

第3条　本会に事務局をおく。事務局は理事会の承認を得て，代表理事が定める。

第2章　事　業

第4条　本会は第2条の目的を達成するために，次の事業を行う。
　一　研究集会の開催
　二　機関誌及び会報の発行
　三　研究成果，研究資料，文献目録，その他の刊行
　四　他の研究団体と連絡提携
　五　その他，本会の目的を達成するために必要な事業

第3章　会　員

第5条　本会の会員は，本会の目的に賛同し，アメリカ教育に関する研究に関心をもつものによって組織する。

第6条　会員は研究集会に参加し，機関誌その他の刊行物においてその研究を発表することができる。

第7条　本会の会員となるには，会員の推薦により入会金1,000円を添えて申し込むものとする。会員は退会届を提出して退会することができる。

第8条　会員は会費年額5,000円（学生会員は4,000円）を納入しなければならない。連続して3年間会費の納入を怠った場合，会員としての資格を失うものとする。

第4章 組織及び運営

第9条 本会には次の役員をおく。
　　　代表理事1名　選挙選出　　　　　理事12名（うち代表理事1名）
　　　代表理事推薦理事　若干名　　　幹事　若干名　　　監査　1名
第10条 代表理事の選出は理事の互選による。理事は会員のうちから選出し，理事会を構成する。代表理事推薦理事，幹事，および監査は代表理事が推薦し，理事会の議を経て，総会において承認を得る。
第11条 代表理事は本会を代表し，諸会議を召集する。代表理事に事故ある時は，理事のうちの1名がこれに代わる。理事会は，本会運営上の重要事項について審議し，会の運営，会務の処理に当たる。幹事は庶務及び会計を分掌し，代表理事がこれを総括する。監査は本会の会計を監査する。
第12条 役員の任期は3年とする。ただし再任は妨げない。
第13条 総会は本会の事業及び運営に関する重要事項を審議し，決定する最高の決議機関である。総会は毎年1回これを開く。

第5章 会 計

第14条 本会の経費は，会費・入会金・寄付金，その他の収入をもってこれにあてる。
第15条 本会の会計年度は毎年4月1日に始まり，翌年3月31日に終わる。

附 則

1．本会の会則の改正は総会の決議による。
2．代表理事の任期は，連続2期までとする。
3．第1回改正後の会則は1991年10月4日より有効である。
4．第2回改正後の会則は1993年11月20日より有効である。
5．上記の会則は2001年11月10日より有効である。
6．上記会則は2014年10月25日より有効である。

アメリカ教育学会組織運営

代表理事：八尾坂　修

理　　事：赤星　晋作、浅沼　　茂、新井　郁男、安藤　輝次、加藤　幸次、
　　　　　古賀　一博、澤田　　稔、末藤美津子、松下　晴彦、宮本健市郎、
　　　　　矢野　裕俊、倉本　哲男、片山　紀子

会計監査：相原総一郎

事 務 局：宮古　紀宏、黒田　友紀、星野　真澄

編集委員会：浅沼　茂(委員長)、赤星　晋作、片山　紀子、加藤　幸次、
　　　　　　古賀　一博、末藤美津子、宮本健市郎、矢野　裕俊

学会賞担当理事：安藤　輝次、倉本　哲男

教育セミナー担当理事：新井　郁夫、澤田　稔、松下　晴彦

アメリカ教育学会

ホームページのお知らせ

ホームページアドレス
http://www.jaaes.org/

ブログアドレス
http://blog.livedoor.jp/jaaes/

執筆者紹介

八尾坂　修（やおさか　おさむ）

開智国際大学　教授、九州大学　名誉教授。

ハーバード大学教育大学院修了、博士（教育学、九州大学）、教育行政・教員制度（専攻）、アメリカと日本の教員資格、特に校長や教育長資格をめぐる新たな州動向（最近の研究・関心）。

[単著]『アメリカ合衆国教員免許制度の研究』風間書房、1998。

[編著]『教員人事評価と職能開発―日本と諸外国の研究』風間書房、2005。

加藤　幸次（かとう　ゆきつぐ）

上智大学　名誉教授。

名古屋大学・ウイスコンシン大学教育大学院修了、（教育学、修士・MA）、教育課程学・教育方法学（専攻）、新学習指導要領をめぐる研究、英語・日本語教育の研究（最新の研究関心）。

[単著]『カリキュラム・マネジメントの考え方・進め方』黎明書房、2017。『アクティブ・ラーニングの考え方・進め方』黎明書房、2016。

矢野　裕俊（やの　ひろとし）

武庫川女子大学　教授。

大阪市立大学大学院修了、博士（文学、大阪市立大学）、教育課程論（専攻）。日米における国際バカロレアの導入、教育課程基準の国際比較（最新の研究関心）。

[単著]『自律的学習の探求―高等学校教育の出発と回帰』晃洋書房、2000。

[共編著]『子どもの貧困／困難／不利を考える I』ミネルヴァ書房、2015。

岸本　睦久（きしもと　むつひさ）

文部科学省　外国調査員。

広島大学大学院教育学研究科博士課程中退、修士（教育学）、アメリカ教育政策・教育制度。

[分担執筆]「アメリカ合衆国」文部科学省『諸外国の教育動向2016年版』明石書店、2017。

宮本　健市郎（みやもと　けんいちろう）

関西学院大学教育学部　教授。

東京大学大学院教育学研究科博士課程単位取得退学　教育学・教育史（専攻）、博士（教育学、京都大学）、アメリカにおける教育思想、教授理論、学校建築の歴史（最近の研究関心）。

[共著]『教育の個別化』明治図書、1988。

[単著]『アメリカ進歩主義教授理論の形成過程―教育における個性尊重は何を意味してきたか』東信堂、2005。『空間と時間の教育史―アメリカの学校建築と授業時間割からみる』東信堂、2018。

宮野　尚（みやの　ひさし）
東京学芸大学大学院連合学校教育学研究科・日本学術振興会特別研究員（DC2）、修士（教育学、東京学芸大学）、カリキュラム史・教師教育史、アメリカ進歩主義教育期における教師の力量形成と教師教育の展開。
［単著］「1920年代におけるウィネトカ・システムのカリキュラム開発—小学校アドヴァイザー F. プレスラーの活動に着目して—」『カリキュラム研究』第25号、2016。
［分担執筆］「ウィネトカ・プラン情報の普及」橋本美保編著『大正新教育の受容史』東信堂、2018。

帖佐　尚人（ちょうさ　なおと）
鹿児島国際大学福祉社会学部児童学科　講師。
早稲田大学大学院教育学研究科博士後期課程単位取得退学、修士（教育学、早稲田大学）、教育基礎学（専攻）、アメリカにおける学校—医療機関連携と日本への示唆（最新の研究関心）。
［共著］『ワークで学ぶ教職概論』ナカニシヤ出版、2017。『幼児・初等教育入門』ラグーナ出版、2018。

宮本　浩紀（みやもと　ひろき）
信州豊南短期大学　専任講師。
早稲田大学大学院教育学研究科教育基礎学専攻　単位取得退学、修士（教育学、早稲田大学）道徳教育・生徒指導・教育哲学（専攻）、アメリカの道徳教育政策における効果測定制度の実態分析／いじめ問題対策における枠組み構築（最新の研究関心）。
［共著］『モラルの心理学』北大路書房、2015。
［論文］「20世紀初頭のアメリカにおける道徳教育の特質と課題— Character Education Inquiry の影響に着目して—」『道徳と教育』第331号、2013。

竹村　直記（たけむら　なおき）
ブリティッシュコロンビア大学博士課程在籍、カリキュラム論・幼児教育（専攻）、アメリカの幼児教育のカリキュラムにおける教師の専門性の研究（最新の研究関心）。

編 集 後 記

　今回の号より『アメリカ教育学会紀要』は、『アメリカ教育研究』へと命名
変更となりました。そして内容も一新されることになりました。これまでの年
次大会中心のプログラムにかわり、特集のテーマを中心に論稿を集め、決めら
れた課題を追究することに重点を置くことにしました。もちろん、投稿論文に
ついては従来通り、厳しい審査を行い、学問的水準を維持します。心機一転と
は言ってもまだ手探りの状態ではありますが、より魅力あるアメリカ教育研究
にしてゆきたいと思います。研究者諸氏の忌憚ないご意見をいただければと思
います。最後に、以上の経緯もあり、今回の号の発刊が遅れましたことお詫び
申し上げます。

アメリカ教育研究編集委員長　浅沼　茂

ISSN 2433-9873

アメリカ教育研究　第28号

特集　NCLB法からコモンコアへ、その後の展開

2018（平成30）年3月31日発行

編　集　アメリカ教育研究編集委員会
発行者　アメリカ教育学会
発売元　株式会社東信堂

アメリカ教育研究編集委員会	株式会社東信堂
〒184-8501　小金井市貫井北町4-1-1	〒113-0023　東京都文京区向丘1-20-6
東京学芸大学　浅沼　茂　研究室	TEL　03-3818-5521
E-mail: asanuma@u-gakugei.ac.jp	FAX　03-3818-5514
http://www.jaaes.org/	E-mail　tk203444@fsinet.or.jp
	東信堂HP　http://www.toshindo-pub.com

ISBN978-4-7989-1497-8　C3037

東信堂

アメリカ教育研究28号　アメリカ教育学会編　二〇〇〇円

ネオリベラル期教育の思想と構造　―書き換えられた教育の原理　福田誠治　六二〇〇円

アメリカ公立学校の社会史　―コモンスクールからNCLB法まで　W・J・リース著　小川佳万・浅沼茂監訳　四六〇〇円

現代学力テスト批判　実態調査・思想・認識論からのアプローチ　北野秋男　下司晶　小笠原喜康　二七〇〇円

ポストドクター――若手研究者養成の現状と課題　北野秋男　三六〇〇円

日本のティーチング・アシスタント制度　―大学教育の改善と人的資源の活用　北野秋男編著　二八〇〇円

現代アメリカの教育アセスメント行政の展開　―マサチューセッツ州（MCASテスト）を中心に　北野秋男編　四八〇〇円

アメリカ公民教育におけるサービス・ラーニング　唐木清志　四六〇〇円

【増補版】現代アメリカにおける学力形成論の展開　―スタンダードに基づくカリキュラムの設計　石井英真　四六〇〇円

ハーバード・プロジェクト・ゼロの芸術認知理論とその実践　―内なる知性とクリエイティビティを育むハワード・ガードナーの教育戦略　池内慈朗　六五〇〇円

アメリカにおける学校認証評価の現代的展開　浜田博文編著　二八〇〇円

アメリカにおける多文化的歴史カリキュラム　桐谷正信　三六〇〇円

現代教育制度改革への提言 上・下　日本教育制度学会編　各二八〇〇円

日本の教育をどうデザインするか　村田翼夫　上田学　岩槻知也編著　二八〇〇円

現代日本の教育課題　―二一世紀の方向性を探る　上田学　村田翼夫編著　二八〇〇円

日本の教育制度と教育行政（英語版）　関西教育行政学会編　二五〇〇円

バイリンガルテキスト現代日本の教育　村田翼夫　山口満編著　三八〇〇円

社会形成力育成カリキュラムの研究　西村公孝　六五〇〇円

社会科は「不確実性」で活性化する　―未来を開くコミュニケーション型授業の提案　吉永潤　二四〇〇円

〒113-0023　東京都文京区向丘1-20-6　TEL 03-3818-5521　FAX03-3818-5514　振替 00110-6-37828
Email tk203444@fsinet.or.jp　URL:http://www.toshindo-pub.com/

※定価：表示価格（本体）＋税

東信堂

東京帝国大学の真実——日本近代大学形成の検証と洞察　舘昭　四六〇〇円

大学史をつくる——沿革史編纂必携　寺﨑昌男・中野実・別府昭郎 編著　五〇〇〇円

国立大学・法人化の行方——自立と格差のはざまで　天野郁夫　三六〇〇円

転換期を読み解く——潮木守一時評・書評集　潮木守一　二六〇〇円

大学再生への具体像［第2版］　潮木守一　二四〇〇円

フンボルト理念の終焉？——現代大学の新次元　潮木守一　二五〇〇円

いくさの響きを聞きながら——横須賀そしてベルリン　潮木守一　二四〇〇円

戦後日本の教育構造と力学——「教育」トライアングル神話の悲惨　河野員博　三四〇〇円

新版 昭和教育史——天皇制と教育の史的展開　久保義三　一八〇〇円

近代日本の英語科教育史——職業系諸学校による英語教育の大衆化過程　江利川春雄　三八〇〇円

大正新教育の受容史　橋本美保編著　三七〇〇円

大正新教育の思想——生命の躍動　田中智志・橋本美保 編著　四八〇〇円

空間と時間の教育史——アメリカの学校建築と授業時間割からみる　宮本健市郎　三九〇〇円

アメリカ進歩主義教授理論の形成過程——教育における個性尊重は何を意味してきたか　宮本健市郎　七〇〇〇円

人格形成概念の誕生——近代アメリカの教育概念史　田中智志　三六〇〇円

社会性概念の構築——アメリカ進歩主義教育の概念史　田中智志　三八〇〇円

グローバルな学びへ——協同と刷新の教育　田中智志編著　二〇〇〇円

学びを支える活動へ——存在論の深みから　田中智志編著　二〇〇〇円

教育の共生体へ——ボディエデュケーションの思想圏　田中智志編　三五〇〇円

アメリカ 間違いがまかり通っている時代——アメリカの挑戦　D.ラヴィッチ著／末藤美津子訳著　三八〇〇円

教育による社会的正義の実現——公立学校の企業型改革への批判と解決法——アメリカの挑戦　D.ラヴィッチ著／木藤美津子訳著　五六〇〇円

学校改革抗争の100年——20世紀アメリカ教育史　D.ラヴィッチ著／末藤・宮本・佐藤訳著　六四〇〇円

子どもが生きられる空間——生・経験・意味生成　高橋勝　二四〇〇円

流動する生の自己生成——教育人間学の視界　高橋勝　二四〇〇円

子ども・若者の自己形成空間——教育人間学の視線から　高橋勝編著　二七〇〇円

文化変容のなかの子ども——経験・他者・関係性　高橋勝編著　二三〇〇円

〒113-0023　東京都文京区向丘1-20-6　TEL 03-3818-5521　FAX03-3818-5514　振替 00110-6-37828
Email tk203444@fsinet.or.jp　URL:http://www.toshindo-pub.com/

※定価：表示価格（本体）＋税